阿修羅の涙

興福寺八部衆の謎を解く

日下 草平

東京図書出版

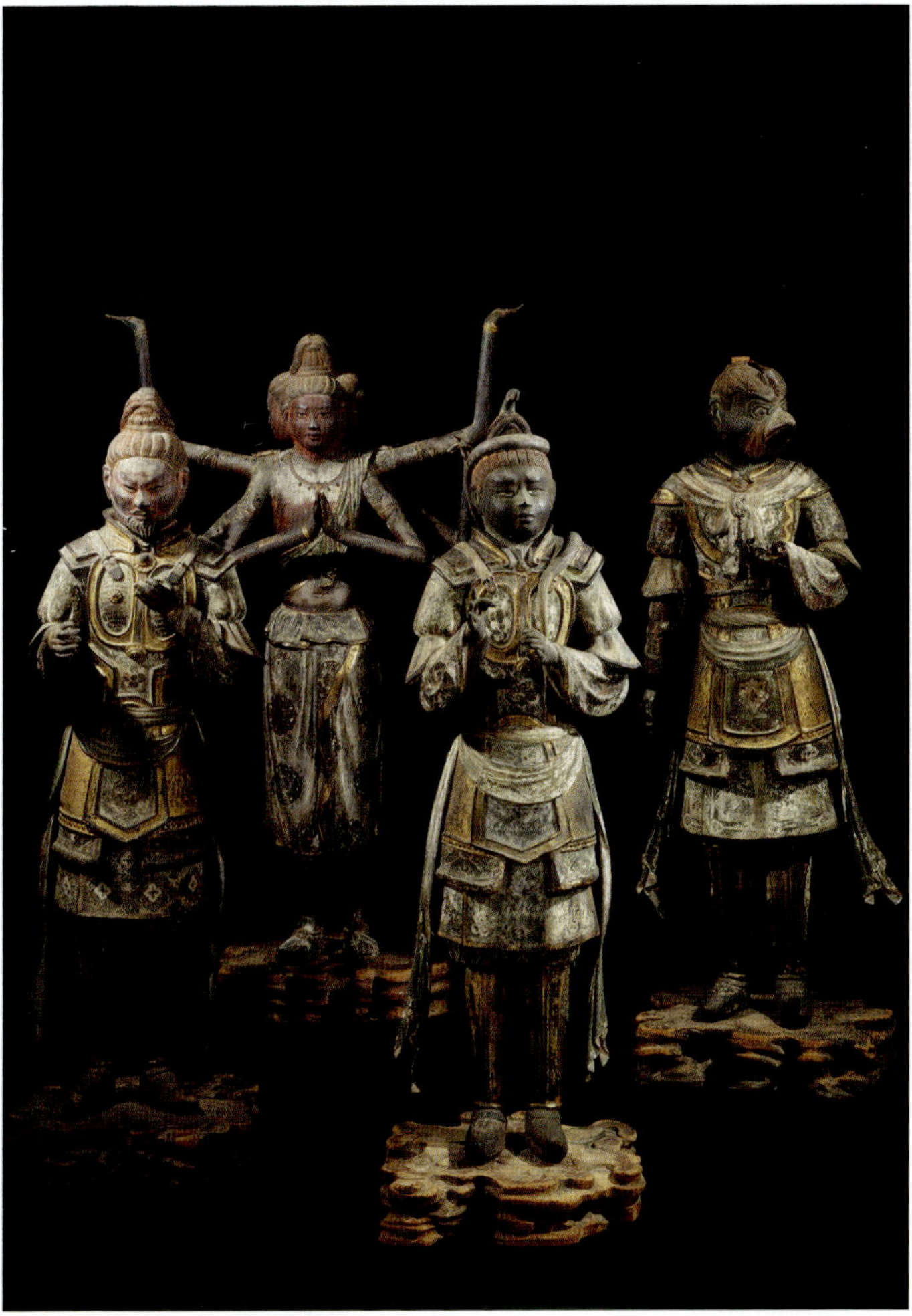

左から「畢婆迦羅」「阿修羅」「沙羯羅」「迦楼羅」

撮影：飛鳥園

長屋王関係図

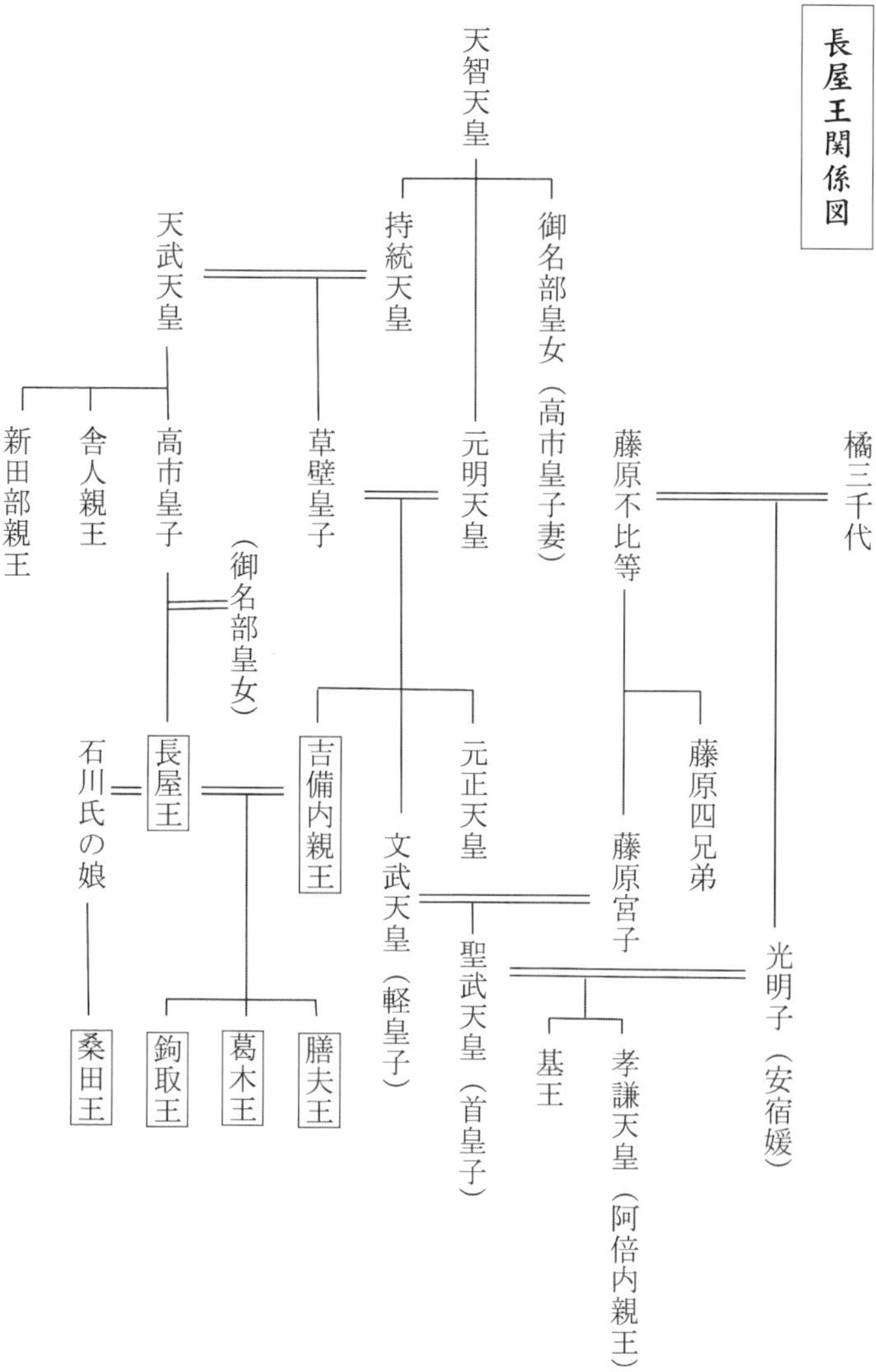

橘三千代
藤原不比等
天智天皇
御名部皇女（高市皇子妻）
元明天皇
持統天皇
草壁皇子
天武天皇
高市皇子
舎人親王
新田部親王
（御名部皇女）
光明子（安宿媛）
藤原四兄弟
藤原宮子
元正天皇
文武天皇（軽皇子）
吉備内親王
長屋王
石川氏の娘
孝謙天皇（阿倍内親王）
基王
聖武天皇（首皇子）
膳夫王
葛木王
鉤取王
桑田王

阿修羅の涙◇目次

阿修羅の人気と興福寺八部衆の謎

「奈良が大いなるまちであるのは、草木から建造物にいたるまで、それらが保たれているということである。世界じゅうの国々で、千年、五百年単位の古さの木造建築が、奈良ほど密集して保存されているところはない。奇蹟といえるのではないか」

司馬遼太郎は、その著作『街道をゆく24　近江散歩、奈良散歩』のなかで、このように奈良を評しています。たしかに奈良は、千三百年を超える歴史が、遺跡や遺物としてではなく、二十一世紀の街中に現役として生き続けている極めて珍しいところです。奈良公園の深い緑を楽しみながら散策していると、いつの間にか興福寺の境内に迷い込み、いかつい堂塔に囲まれてしまっていたり、三条通りのにぎわいに身をまかせてぶらぶら行くと、道はしだいに春日大社の参道へと姿を変え、両側の薄暗い森にたたずむ鹿たちを眺めながらさらに進むと、いつしか禁足地御蓋山《みかさやま》の懐に抱かれた神の領域に引き込まれていたり、さらに、三十万都市奈良の繁華街に立ち並ぶビル群の背後には「世界に唯一の都会の原始林」春日山系が、巨大な緑の屏風のように立ち上がっていたりと、とにかく奈良は不思議な空間に満ちた場所なのです。

私もまた奈良の魅力に取りつかれて、休暇のたびに住まいのある東京から通い続け、とうとう定年を待って奈良に移り住んでしまったのですが、私がここまで奈良にのめり込むきっかけとなった一つの体験をご紹介したいと思います。

三十年ほど前、都会の喧騒を逃れ、古都のゆったりとした時間を求めて奈良に遊んだ私は、念願であった老舗ホテルの一階の部屋に泊まりました。

翌日早朝、園地の風景でも眺めようと窓を開けた私の目の前に、突然、朝の陽光を全身に浴びながら草を食む一頭の壮年の牡鹿が現れたのでした。牡鹿は、特段私に驚くでもなく、手をのばせばその雄々しく美しい角に触れることができるほどの近さで、悠然と朝露に濡れた若草を味わっています。「奈良といえば鹿」なのだから、ホテルの敷地内に姿を見せても別に不思議ではないのですが、眼前の光景は、そういった世俗的な感覚を超越した、静謐で神秘的な世界を映し出していました。

この上なく澄み切った朝の空気のもと、まるで後光のような太陽に照り映えて毅然と立つ牡鹿の姿は、人々とともに千三百年、幾代も生まれ変わりながら奈良という特別な場所を守り続けてきた、まさしく「神鹿《しんろく》」そのものであり、遠方より訪れた一旅行者に、生涯忘れることのない感動を与えたのでした。

奈良は、さまざまな日本の「始まり」の場所ですが、なかでも傑出しているのは、仏教寺院とそこに安置される仏像たちのすばらしさでしょう。わが国最初の寺院である飛鳥寺の「飛鳥大仏（釈迦如来坐像《しゃかにょらいざぞう》）」、聖徳太子ゆかりの法隆寺の「釈迦三尊像《しゃかさんぞんぞう》」や「百済観音像《くだらかんのんぞう》」、中宮寺の「菩薩半跏像《ぼさつはんかぞう》」などに始まるわが国の仏像制作の歴史は、白鳳時代を経て平城京の時代に至り、有名な奈良の大仏こと東大寺の「盧遮那仏《るしゃなぶつ》」、同じく東大寺法華堂《ほっけどう》の「不空羂索観音像《ふくうけんさくかんのんぞう》」や「執金剛神立像《しゅこんごうしんりゅうぞう》」、日本仏教美術の最高峰とも評される薬師寺の「薬師三尊像《やくしさんぞんぞう》」、さらには鑑真和上《がんじんわじょう》が開いた唐招提寺の「盧舎那仏坐像《るしゃなぶつざぞう》」など、数々の名作を生み出したのでした。蘇我馬子や聖徳太子によって蒔かれた仏教文化の種子は、ここ平城京において一斉に咲き誇ることになったと言っても過言ではないでしょう。

このような奈良のすばらしい仏像群の中でも、長年にわたり私の心をとらえて離さない一体の像があります。それは興福寺の「阿修羅像《あしゅら》」です。

日本人に「最も好きな仏像は？」とたずねれば、間違いなく第一位には阿修羅の名前があがることでしょう。事実、平成二十一年に開催された「国宝阿修羅展」には、東京国立博物館に九四万六〇〇〇人、九州国立博物館に七一万人、合わせて一六五万六〇〇〇人という膨大な数の人々が押し寄せ、この年に開かれた展覧会の観客動員数世界一を記録しました。さらに、その後興福寺の仮金堂で開かれた阿修羅展の観客数二五万六〇〇〇人を加えると、観客動員総数は一九一万二〇〇〇人となり、「阿修羅展」は、一七五万人の「ミロのビーナス展」や一五一万人の「モナリザ展」を上回る、わが国の展覧会史上最高の観客数を集めたことになります。これほど多くの人々が、長い行列を覚悟のうえで実物の阿修羅を見に足を運んでくるほど、この像には人々の心をとらえて離さない魅力があるのです。

私もまた阿修羅に魅せられ、幾度となく興福寺の国宝館に出かけては、そのつど阿修羅のしなやかな肢体と人間味あふれる繊細な表情に深く感嘆してきました。ところが、何度も阿修羅を拝見させていただくうちに、私は、どうにも払拭できない強い思いにとらわれるようになっていったのです。それは「阿修羅には、明らかにモデルとなった人物が実在していたに違いない」という確信めいた感覚でした。そして、私は、興福寺の阿修羅の真実の姿を解明する試みに挑戦することにしたのです。

本来の阿修羅（アスラ）は、三面六臂《さんめんろっぴ》の恐ろしい身体と怒り狂った凄まじい形相で知られた古代インドの魔神であり、戦闘神です。世界の覇権をめぐり、最高神帝釈天《たいしゃくてん》（インドラ）に激しく戦いを挑み、惨敗を繰り返しながらも、けっして戦いをやめることができない阿修羅の闘争と恐怖にまみれた凄惨な姿は、現代にも「修羅場」という言葉を伝えているほどです。

時を経て仏教が中国に伝わるようになると、阿修羅は釈迦に諭されて改心し、仏法の守護神へと姿を変えていきます。そして、同様に仏に仕えるようになった七体の古き神々とともに護《ご》法善神《ほうぜんしん》「天龍八部衆《てんりゅうはちぶしゅう》」を形成します。この八部衆の思想が日本に伝わり、若干様式は変化しますが、「興福寺八部衆像」が造られることになるのです。したがって、興福寺の阿修羅像は単独で造られたものではなく、八部衆のなかの一体として制作された像ということになります。

鬼神から仏法の守護神へと変身した阿修羅ですが、中国の敦煌莫高窟《とんこうばっこうくつ》の壁画や京都妙法院三十三間堂の湛慶《たんけい》作の像、あるいは北野天神縁起絵巻《きたのてんじんえんぎえまき》に描かれた像を見ても、ほとんどが魔神や戦闘神の性格を如実に反映した全身で憤怒《ふんぬ》を表す形に作られており、興福寺の阿修羅のような人間的な表現をしているものは一つもありません。比較的穏やかな作りとされる法隆寺五重塔の「阿修羅坐像」も、どちらかといえば無表情な印象で、興福寺の阿修羅とはまったく趣を異にしています。なぜか興福寺の阿修羅だけは、阿修羅本来の姿とは正反対の穏やかで人間的な容姿をしています。そして私は、この独特の人間味あふれる姿にこそ、興福寺の阿修羅が人々の心をひきつけてやまない理由があるのだと考えています。

では、先人たちは興福寺の阿修羅にどのような印象を抱いていたのでしょうか。

亀井勝一郎は「腕が六本、顔が三つというグロテスクな姿にもかかわらず、他のどの仏像よりも人間的な感じを与えるのには驚嘆した」と、阿修羅の人間的な印象を強調しています。

森敦は「ボイッシュな少女を連想すらさせる姿は、天平の特色である豊満な充実とはほど遠かった」、「同じ八部衆にしても、阿修羅は、五部浄《ごぶじょう》や沙羯羅《さから》などと、どことなく顔が似ている」として、阿修羅が他の天平仏と異なった造形をしていること、そして、これがとても重要なのですが「五部浄と沙羯羅が阿修羅と似た顔をしている」ことを感じ取っています。

さらに司馬遼太郎は「これを造仏した天平の仏師には、モデルがいたにちがいない。貴人の娘だったか、未通の采女だったか」、「凛とした顔でないと、この未分の聖はあらわせない。阿修羅は、正面のほか、他に二つの顔をもっている。いずれも思いを決した少女の顔である」と記し、モデルとしての女性、しかも強い決意に満ちた女性の存在を示唆しています。彼は、その卓越した眼力によって、興福寺の阿修羅の真の姿をとらえきっていると思います。まさに「お見事」というほかに言葉がありません。

また、面白いのは和辻哲郎で、彼は「巧妙な写実の腕は不幸にも深さを伴っていなかった」として、阿修羅の仏像としての価値を認めていません。しかし、裏を返せば、和辻はその鋭敏なる感性を持って「阿修羅がたんなる仏像ではない」ということを見破っているとも考えられるのです。

彼らは興福寺の阿修羅の特殊性のなかに人間、しかも実在する女性の存在を感じ取っているように見えます。このことからも、すでに興福寺の阿修羅は、優れた先人たちの慧眼によってその真実の姿を見抜かれていたと言うことができます。

本来の姿とは全く異なる愁いと戸惑いに満ちた風貌と華奢でしなやかな肢体、これほどの人間味にあふれた阿修羅は、世界中のどこを探しても興福寺のこの一体しか存在しません。

阿修羅たち興福寺の八部衆像を造ったのは、彫刻部門は将軍万福《しょうぐんまんぷく》、彩色部門は秦牛養《はたのうしかい》という人物をリーダーとする工人たちであることが正倉院文書に記されていますが、天平時代の工人たちも、阿修羅が鬼神であることは知っていたはずですから、彼らが自らの意志で本来の姿と真逆の形に阿修羅像を造るとは考えられません。さらに九州国立博物館によるCT画像解析によって、興福寺の阿修羅像の顔は、三面とも本来の険しい表情をしていた原型を大幅に変更し、独特の人間的な表情に作り変えられていたことが判明しています。あの特徴的な右面の顔についても、原型の塑像は口を開けた怒りの表情に作られていたのですが、これをまったく違った「強く唇をかんだ少女のような顔」に変えているのです。

また、八部衆の像は「脱活乾漆《だっかつかんしつ》」という布と漆を幾重にも重ねていく高度で写実的な技法で造られているのですが、当時の漆はひじょうに高価で、阿修羅像一体だけでも現代の貨幣価値に換算して一億円ほどの費用がかかるとの試算もあります。このことからも興福寺八部衆の制作を命じた人物の並外れた財力を窺い知ることができます。

これらの事実から判断して、興福寺の阿修羅は「造像を命じた人間の強い作為により、多額の経費を投じて制作された」と推測することができます。さらにこの推測に従えば、阿修羅ばかりでなく「興福寺の八部衆全体が特別な意図に基づいて作られた」という可能性が浮上してきます。実はこれこそが阿修羅を含めた興福寺八部衆の真実の姿を解明する重要なカギとなるのです。阿修羅だけを見ていては、阿修羅の謎は解けないのです。

ちなみに『興福寺流記《こうふくじるき》』は、八部衆のことを「八部神王《はちぶしんのう》」と記しています。なぜ、あえて「神王」と表現しているのでしょうか。興福寺八部衆を「神王」と呼んでいることには、何か特別な理由があるのかもしれません。

それでは、阿修羅をはじめとする興福寺の八部衆像について詳しく観察していきましょう。

八体の像のうち、インド神話に登場する蛇食い鳥「ガルーダ」を写した鳥頭の「迦楼羅《かるら》」と人を害する悪鬼「夜叉」を表している「鳩槃荼《くばんだ》」の二体は、いわゆる古来の神像の顔に作られており、ともに人間とはまったくかけ離れた「異形」を呈しています（もっともこの二体こそが本来の神像の形式を踏んでいるのであって、残る六体の像がむしろ「異形」と言えるのかもしれませんが）。これに対して、残る六体の像は、顔が三つあったり、頭に蛇が巻きついていたり、眉間に三つめの眼を持っていたりと、建前上は神像として作られていますが、その顔は明らかに「人の顔」をしています。つまり、興福寺八部衆のうちの「六体だけがなぜか人面形に作られている」ということになります。

続いて六体の人面形の像の特徴を見ていきます。

「畢婆迦羅《ひばから》」は像高一五五・四㎝。龍神または蛇神とされ、他の五体の像とは異なり、口髭、顎髭をたっぷりとたくわえた中年から初老の男性像です。頬骨の張った四角い顔立ちをしており、ややつりあがった切れ長の眼を半眼にしてじっと正面を見据え、年齢相応の落ち着きと威厳を醸し出しています。

「緊那羅《きんなら》」は像高一五二・四㎝。歌舞を司る神とされ、頭上に一本の角と額に縦型の第三の眼を持ちますが、顔は人面形に作られています。年齢は少年から青年に至る中間といったところでしょうか。畢婆迦羅に似て頬骨が高く、全体的に角張った印象の顔立ちをし、六体のなかでは唯一目頭を立てて怒りを前面に出す表情をしています。

「乾闥婆《けんだつば》」は像高一四八・〇㎝。帝釈天に仕える楽神とされ、獅子冠《ししかん》をかぶり、ふっくらとした顔立ちをしています。緊那羅よりやや年少といった感じですが、この像の特徴は、緊那羅とは対照的に、眼を閉じて静寂と達観の中に身を置いているところです。

上記の三体に対して「五部浄」と「沙羯羅」はいずれも「童子の姿」に作られています。

「五部浄」は像高五〇・〇㎝。天を表すとされ、右腕を東京国立博物館に残し、惜しくも頭部と上半身のみの姿となっています。しかし、顔面はきれいに残っており、かなりの美男子であることがわかります。象の頭をかたどった冠をかぶり、眉をひそめ、若干上目づかいで虚空を見つめている表情には、言い知れない不安と警戒感が漂っています。

「沙羯羅」は像高一五四・五㎝。蛇神または龍神とされ、最も幼く見えます。頭頂部に巻き付いた蛇が、頭を正面に、尾を左肩から胸の前に垂らしています。五部浄と同様に視線をやや上方に向け、愛らしさのなかにも、不安と困惑の表情を浮かべています。

そして八部衆の中心をなすのが「阿修羅」です。像高一五三・四㎝。すでに述べたように、興福寺の阿修羅には、戦闘の神としての激烈さや憤怒の表情はかけらほども見られません。三つの顔を持ちますが、中心となるのは正面を向いた顔であり、左右の顔は正面よりやや小さく、心持ち高めに配置されています。興味深いのは耳の作りで、正面から見える耳は一体分しか作られていないのですが、不思議と違和感を覚えることはありません。髻《もとどり》は豊かに束ねられ、ほどくと髪が腰のあたりまでありそうです。

阿修羅の正面の顔はかなりの美形です。心持ち眉をひそめ、戸惑いとも愁いとも、あるいは慈悲ともとれる何とも言えない表情をしています。そして下瞼がとくに厚く作られており、涙袋いっぱいに涙をためているようにも見えます。左側の顔は、大人びた印象で、寄せた眉と引き結んだ唇は、落ち着きのなかにも強い意志や忍耐力を秘めているように見えます。とくに気になるのは右側の顔です。年齢は三つの顔のなかで最も若く、眉間に縦皺を寄せ、つり上がった険しい眼差しで何かを見つめています。そして何と言っても特徴的なのは、下唇を強く噛みしめていることです。私は、この表情に、怒りというよりも悔しさや口惜しさのようなものを感じています。また左右両面の顔も、正面の顔と同じく若干下瞼が厚めに作られており、涙をこらえているように見えます。

興福寺の阿修羅を拝見するたびに、私がいつも戸惑ってしまうことがあります。それはこの像が、どうしても「実在する女性」で、しかも「三人の異なる人物」に見えてしまうことです。

阿修羅に女性モデルの存在を感じ取る人は少なくないのですが、私のように「三人の女性」に見えてしまうというのは、さすがに聞いたことがありません。

また、八部衆の丹念な観察を通して強く感じられるようになったのは、「なぜ八体のうちの六体だけが人の顔をしているのか、これら六体の人面形の像には何らかの特別な意味が込められているのではないか」といった疑問でした。

六体の像の特徴を整理してみましょう。畢婆迦羅は、口髭や顎髭をたっぷりとたくわえた中年から初老の男性像、そして緊那羅と乾闥婆は、青年または少年形で、風貌は畢婆迦羅と似た作りとなっています。また童子形の五部浄と沙羯羅は、森敦が指摘したように阿修羅と似ています。もし、阿修羅の正面像のモデルが女性であるならば、この六体は、まるで「畢婆迦羅と阿修羅を父母とする一つの家族」のように見えるのではないでしょうか。

私は、興福寺の八部衆の観察を通して感じ取った疑問、すなわち「阿修羅はなぜ三人の女性を連想させるのか」そして「八部衆のうちの六体の人面形の像はなぜ一つの家族のように見えるのか」という二つの謎を解明するために、これらの像が造られた時代背景や人物について詳しく調べていくことにしました。そして、その結果、阿修羅と興福寺八部衆像の真実の姿に迫ることができたのです。

それでは、少々長くなりますが、興福寺の八部衆像に秘められた真実に関する私の結論をご紹介したいと思います。

「阿修羅をはじめとする奈良興福寺の八部衆像は、藤原氏の陰謀によって無実の罪をきせられ、非業の最期を遂げた左大臣長屋王《ながやおう》とその妻吉備《きび》内親王および四人の王子たちの霊を慰めるために、藤原の子である皇后光明子《こうみょうし》が、母橘三千代《たちばなのみちよ》の遺言に基づいて造らせた鎮魂と懺悔の像である。八部衆のうち六体の人面形の像は、それぞれ畢婆迦羅は長屋王、緊那羅は長男の膳夫王《かしわでおう》、乾闥婆は（異母兄弟の）桑田王《くわたおう》、五部浄は葛木王《かつらぎおう》、沙羯羅は最も年少である鉤取王《かぎとりおう》の生前の姿を写しとっている。そして八部衆の中心をなす阿修羅の正面像は、長屋王の妻吉備内親王の姿を写したものである。さらに阿修羅に隠された秘密はこれにとどまらない。左面の顔は、娘に長屋王一家の供養を託して亡くなった光明子の母橘三千代、そして右面の下唇を強く噛みしめた顔は、八部衆の造像に至る辛く悔しい思いを懸命にこらえる、皇后光明子自身の顔を写したものである」

いきなり突拍子もない自説を披露して恐縮至極ですが、阿修羅の三つの顔については、文芸評論家・美術評論家として名高い吉村貞司氏が、著書『古仏の微笑と悲しみ』のなかで、とても興味深い見解を述べておられます。

吉村氏は「私がわざわざ、この阿修羅像の前にたち寄ったのは、彼の三つの顔が同一の人物のものでなく、たがいに異質的であることを確かめたかったからだった。正面の阿修羅の顔が正式のものであって、両側の二つの顔は、ある時の表情をあらわしているのではない。異質性というのは、三つの顔があるということ、すなわち、三つの独立した人間存在があるということである」と述べ、興福寺の阿修羅に三人の人間の存在を感じ取っています。

私は、吉村氏の感性や知性の奥深さに迫り得る何も持ち合わせていませんが、それにしても興福寺の阿修羅像の本質をこれほど核心的に言い当てることができるものだろうかと、先人たちの鋭い眼力にはあらためて恐れ入るばかりです。

「長屋王の変」と聖武天皇の不可解な対応

興福寺八部衆のモデルとなった長屋王とその妻吉備内親王、そして四人の王子たちを死に追いやった「長屋王の変」とは、いったいどのような事件だったのでしょうか。

神亀六（七二九）年二月十日、聖武天皇の夫人藤原安宿媛《あすかべひめ》（後の皇后光明子）の兄であり、天皇の叔父でもあった藤原四兄弟（武智麻呂《むちまろ》、房前《ふささき》、宇合《うまかい》、麻呂《まろ》）と対立関係にあった左大臣長屋王は、国家の転覆を謀ったとする罪により、突如として六衛府《ろくえいふ》の軍隊に自宅を包囲されます。そして彼は、ほとんど弁明の機会も与えられぬまま、妻の吉備内親王と四人の王子とともに自殺に追い込まれたのでした。ところが、事件から九年後の天平十（七三八）年、正史『続日本紀《しょくにほんぎ》』は「長屋王の変」が誣告《ぶこく》による冤罪であったことを明記し、長屋王の汚名をそそいでいるのです。国家の歴史書が、天皇とその側近たちの犯した過ちを書き残すことは異例中の異例であり、このことからも「長屋王の変」が、いかに疑惑に満ちた事件であったかを窺い知ることができます。

『続日本紀』は、この事件の発端から長屋王一家の死までを次のように記しています。

「二月十日　左京の住人である従七位下の漆部造君足《ぬりべのきみたり》と、無位の中臣宮処連東人《なかとみのみやこのあずまひと》らが、左大臣・正二位の長屋王は秘かに左道（妖術）を学び国家（天皇）を倒そうとしていますと密告した。天皇はその夜、使いを遣わして三関（鈴鹿《すずか》、不破《ふわ》、愛発《あらち》）を固く守らせた。またこのために式部卿・従三位の藤原朝臣宇合、衛門佐の従五位下の佐味朝臣虫麻呂、左衛士佐の外従五位下の津嶋朝臣家道、右衛士佐の外従五位下の紀朝臣佐比物らを遣わして、六衛府の兵士を引率して長屋王の邸を包囲させた。

二月十一日　大宰大弐・正四位上の多治比真人県守、左大弁・正四位上の石川朝臣石足、弾正尹・従四位下の大伴宿禰道足の三人を権《か》りに参議に任じた。巳の時（午前十時前後）に、一品の舎人《とねり》親王と新田部《にいたべ》親王、大納言・従二位の多治比真人池守、中納言・正三位の藤原朝臣武智麻呂、右中弁・正五位下の小野朝臣牛養、少納言・外従五位下の巨勢朝臣宿奈麻呂らを長屋王の邸に遣わし、その罪を追求し訊問させた。

二月十二日　長屋王を自殺させた。その妻で二品の吉備内親王、息子で従四位下の膳夫王、無位の桑田王、葛木王、鉤取王らも同じく自ら首をくくって死んだ。そこで邸内に残る人々を皆捕えて、左右の衛士府や兵衛府などに監禁した。」

（宇治谷孟『続日本紀　全現代語訳』講談社より。ルビは引用者による）

突然の密告からわずか二日後には、長屋王と妻の吉備内親王そして四人の王子たちが自殺させられるという、悲惨な結末となった「長屋王の変」ですが、冷静に検証してみると、実に不可解な事件であることがわかります。

長屋王の国家転覆の企みを密告したのは、従七位下という下級官人と官位すら持たない人物であり、彼らが政権の首班《しゅはん》である左大臣長屋王の極秘の行為（左道）を正確に察知できたとは到底考えられません。したがって、第一に彼らの証言の信憑性《しんぴょうせい》が問われなければならないのですが、『続日本紀』の記録には、密告の真偽が吟味された形跡はまったく見られません。それどころか、まるで内乱でも起こったかのように、その夜のうちに軍事上の要衝である三つの関所が閉じられ、天皇の親衛隊を含む都の全軍が動員されています。密告者と長屋王との関係も不明、長屋王が行ったとされる左道の内容もまったく不明なまま、無防備な長屋王邸を藤原宇合らが率いる六衛府の軍が包囲し、間髪を容れずに一家を死に追い込んでいるのです。また密告者である無位の中臣宮処連東人は、藤原氏の同族である中臣氏の人間です。

このことからも「長屋王の変」が、当時長屋王と対立関係にあった藤原氏によって仕組まれた陰謀であることがわかります。さらに、迅速な軍隊の動員や三関（重要な三つの関所）の閉鎖の状況から推測して、この事件には聖武天皇自身もかかわっていたと判断することができます。

ところが、長屋王一家滅亡後の聖武天皇の対応は著しく一貫性を欠き、むしろうろたえているかのような印象を与えています。

長屋王一家の死の翌日には、早くも長屋王と吉備内親王を生駒山に葬ってしまうのですが、これにあたって聖武天皇は勅を出し、「吉備内親王には罪がないので葬送は通例に倣い、長屋王は罪人であるがその葬を醜くしてはならない」と命じています。

その二日後に天皇は、一転して「長屋王は残忍邪悪な人物で道を誤り悪事が露見した」と長屋王を罵っています。

しかし、三日後の十八日には、聖武天皇はふたたび転じて「長屋王の夫人、兄弟姉妹や子孫らはすべて赦免する」との勅を出し、官人たちに罪の汚れを祓う中臣氏の神事である「大祓《おおはらい》」を行わせています。

結局、この事件は、約半月後の二月二十六日の「長屋王一族のうち存命の者には禄を給することを認めた」という記事をもって終わりを告げるのですが、長屋王の行為が事実であるならば、左道による国家転覆の試みは最大級の重罪であり、本人はもちろん、家族や親族も死に匹敵する刑罰に処せられて当然のはずです。しかしながら、最後には長屋王の遺族に禄まで支給して事態を収拾するという、何とも不可解な結末を迎えることになるのです。

また、この事件に付随して『続日本紀』には、見逃されがちなのですが、極めて興味深い記事があります。

事件の終結から一カ月余りを経た四月三日、突然「舎人親王が朝堂に参入する時、諸司の官人は親王のために座席をおりて、敬意を表するに及ばない」との太政官決定が出されているのです。親王に対して敬意を表さなくてよい、とはずいぶん失礼な対応に思えるのですが、いったい何があったというのでしょうか。

舎人親王は「長屋王の変」の際に朝廷を代表して長屋王を詰問し、一家を滅亡に追いやった中心人物の一人です。『続日本紀』を読む限り、舎人親王が同じ皇親として長屋王をかばった形跡は微塵も見られません。

舎人親王は、天武天皇を父、天智天皇の娘新田部皇女を母とする高貴な血筋の持ち主です。したがって、天武天皇の孫に過ぎない長屋王が、吉備内親王を妻とするなど、皇統の後継者として優遇されていることを舎人親王が快く思っていなかったとしても不思議ではありません。しかも舎人親王と長屋王は同年齢です。彼は天武と持統に直接つながる血統（いわゆる「草壁皇統」）の持ち主ではありませんが、皇位継承権という観点に立てば、有力な天皇の候補者でもあります。

舎人親王が、「長屋王さえ排除しておけば、聖武天皇に男子が誕生しなかった場合、自分自身または自分の子供たちに皇位が回ってくる」と思案したとしても不自然ではないでしょう。「長屋王の変」における彼の積極的な行動を勘案すると、聖武天皇と舎人親王との間に何らかの密約が交わされていたと考えることもできます。舎人親王の行動の背景に、長屋王一家排除後の皇位をめぐる目論見があった可能性は高いと思われます。

このように考えると、「長屋王の変」の処理後の待遇をめぐって舎人親王と聖武天皇との間に何らかのトラブルがあり、舎人親王が聖武天皇の怒りを買ってしまい、四月三日の太政官決定につながったと推測することができます。

舎人親王は聖武天皇に不相応な見返りを求めたのでしょうか、それとも聖武天皇が密約の履行を渋ったのでしょうか。いずれにしても、この事件に関する記録は、他に何も残されていませんので顚末は闇の中ですが、これもまた「長屋王の変」の何とも言えない後味の悪さを感じさせる事件です。

「長屋王の変」の半年後、聖武天皇は藤原安宿媛を皇后に立てるのですが、この立后にあたって、聖武天皇はうんざりするほど冗長な詔を出しています。

聖武天皇は、

「自分が天皇の位に就いてから六年が経った」
「安宿媛は皇太子を産んでいる（一年足らずで死去）」
「長期間皇后がいないのは良くない」
「天下の政治には内助の働き（後の政）が必要である」

「元明天皇は安宿媛が藤原不比等の娘であることを忘れるなと仰せられた」
「六年間安宿媛を試した結果としての立后である」
「皇族でない者が皇后となったのは初めてではない。仁徳天皇の皇后伊波乃比売の例がある」

と、しまいには真偽の確かめようもない数百年前の伝説まで持ち出して、安宿媛に対する皇后位授与の正当性を主張していますが、ほとんど苦し紛れの言い訳にしか聞こえません。さらに、聖武天皇は、五位以上の貴族と諸官司の長官たちを内裏に招き入れ、大盤振る舞いをして機嫌を取っています。

これらの記事から、皇族や貴族たちの間には、臣下の娘に過ぎない安宿媛の立后に対する根強い抵抗感があったと推測することができます。

このような事実経過から判断して、「長屋王の変」は、政権の首班にあり、皇統の有力な後継者となり得る長屋王とその家族を排除し、さらに妹である安宿媛を皇后に押し立てて権力を掌握するために武智麻呂以下の藤原四兄弟が画策し、聖武天皇の了解のもとに引き起こした冤罪事件であることがわかります。

また、近年の調査によって、長屋王の邸宅の跡地が皇后の宮として再利用された可能性が高いことが判明し、長屋王一家を滅亡させた後、皇后となった安宿媛が、長屋王の邸の跡地に宮殿を構え、長屋王を排除した聖武天皇と藤原氏の正当性を天下に喧伝しようと試みた事実を窺い知ることができます。

「長屋王の変」と聖武天皇の不可解な対応

「長屋王の変」以後の『続日本紀』には、天変地異や政情不安に関する記事が目立つようになります。なかでも事件の翌年、天平二（七三〇）年六月の「神祇官の建物に落雷があり、火災が発生して人畜に落命するものがあった」との記事は極めて興味深いものです。

当時の人々の自然に対する畏怖の念を考慮すると、宮中の神殿を狙い撃ちしたかのような落雷と、これによって発生した火災による人命の損失は、聖武天皇をはじめとする朝廷の人々に「無実の長屋王一家を殺害した天罰が下った」かのような印象を与え、彼らを言い知れぬ恐怖に陥れたのではないでしょうか。ひょっとすると死亡したのは神祇《じんぎ》を司る人物であったのかもしれません。

この落雷事件の後、聖武天皇は、全国の諸社に使者を遣わして幣帛《へいはく》を奉り、礼拝陳謝させています。それほどまでに長屋王の事件に対する天の祟りを恐れていたということでしょうか。

そして、この後十年ほどの間に頻繁に起こる旱魃や地震、舎人親王や新田部親王および藤原四兄弟など「長屋王の変」に深くかかわった人々の疫病による全滅、さらには忠臣藤原宇合の長男広嗣《ひろつぐ》が、左遷先の九州大宰府で反乱を起こすという事態が発生するに至り、とうとう聖武天皇の繊細で過敏な神経は限界に達し、平城京からの脱出と五年におよぶ「彷徨」へと彼を駆り立てることになるのです。

事件から九年を経た天平十（七三八）年七月、『続日本紀』は次のような記事を載せ、長屋王にかけられた嫌疑がまったくの冤罪であったことを明らかにしています。

「七月十日　左兵庫少属・従八位下の大伴宿禰子虫が右兵庫頭・外従五位下の中臣宮処連東人を刀で切り殺した。子虫ははじめ長屋王に仕えて頗る好遇を受けていた。たまたまこの時、東人と隣り合わせの寮の役に任ぜられていた。政務の隙に一緒に囲碁をして、話が長屋王のことに及んだ時、子虫はひどく腹を立てて東人を罵り、遂に刀を抜いてこれを切り殺してしまった。東人は長屋王のことを、事実を偽って告発した人物である」

この記事からわかることは、まず長屋王を告発した無位の中臣宮処連東人が、五位という上級官人に大抜擢されていたという事実です。すなわち、東人の長屋王に対する「誣告（事実を偽った告発）」は、聖武天皇の王権にとって、無位の人物にいきなり貴族並みの待遇を与えるほど「価値のある告発」であったということになるのです。

次に大伴宿禰《おおとものすくね》子虫《こむし》ですが、彼は東人との囲碁の最中に、恩人である長屋王が東人の誣告によって没したことを知って激高し、その場で刀を抜いて東人を切り殺してしまいます。しかし、不思議なことに、『続日本紀』などの記録には、子虫が罪に問われた形跡がまったく見られないのです。この事件は、下級官人が上級官人を公務の場で斬殺したという重罪事件です。したがって、犯人の子虫は死刑に処せられて当然のはずです。ところが、子虫は罪に問われるどころか、まるで「主君の仇討ちを果たした忠臣」であるかのように扱われているのです。

私は、藤原四兄弟の滅亡後の政権を握った橘三千代の長男「橘諸兄《たちばなのもろえ》」が、大伴宿禰子虫に長屋王を誣告した中臣宮処連東人を殺害させ、恨みを晴らさせてやったのではないかと考えています。

長屋王を死に追いやった藤原四兄弟たちが疫病に苦しみながら死滅したため、「長屋王の変」をいわゆる怨霊信仰の始まりと位置付ける説があります。たしかに長屋王一家の無念の死を思うとき、怨みを抱いて亡くなった人物が祟るという怨霊信仰の端緒としてこの事件をとらえることも理解できないわけではありません。

しかし、明らかな怨霊信仰が登場するのは平安遷都以後のことであり、この時代は、まだ個人が怨霊と化して祟るという概念は確立していません。おそらく平安期に隆盛《りゅうせい》を極めた怨霊信仰が、時代を遡って「長屋王の変」にも仮託されるようになったのでしょう。

したがって、聖武天皇や宮廷の人々が恐れたのは長屋王個人の怨霊ではなく、王（天皇）の非道な行為に対する天の祟り、すなわち上古の昔から人々に深く意識されてきた「天罰」であったと思われます。

また、古代中国では、疫病である「瘡《そう》」は仏教上正しくない行為をなした者に対して下される「仏罰《ぶつばつ》」と認識されており、遣唐使を通じてこのことを知っていた聖武天皇が、舎人親王、新田部親王および藤原四兄弟たちが皆「豌豆瘡《えんどうそう》（天然痘）」で亡くなったことを、冤罪を仕掛けて長屋王一家を死に追いやったことに対する「仏罰」が下ったととらえ、恐怖に怯えていた可能性は充分に考えられます。

それでは、この事件の背景にある長屋王の人物像と藤原氏との関係について探っていきましょう。

長屋王の人物像と藤原氏

長屋王は、天武五（六七六）年、天武天皇の長男高市《たけち》皇子と天智天皇の娘御名部《みなべ》皇女の第一子として誕生しました。父高市皇子は天武天皇の長男でしたが、母親が地方豪族宗像《むなかた》氏の娘であったことから、皇位を継承できる可能性はほとんどありませんでした。

高市皇子が一躍脚光を浴びることとなったのは、天武元（六七二）年に勃発した大海人《おおあま》皇子と大友《おおとも》皇子の皇位争奪戦「壬申の乱」における活躍でした。『日本書紀』によると、弱冠十八歳の高市皇子は、父大海人皇子から軍事指揮権を委ねられ、その勇敢さをもって戦いを勝利に導き、大海人皇子や群臣たちの絶大な信頼を獲得しています。『日本書紀』の記事に若干の脚色を認めるとしても、『万葉集』に収められた柿本人麻呂の高市皇子挽歌には、皇子の戦場における活躍がいきいきと詠われており、高市皇子が勇猛果敢な人物で、多くの人々に慕われていたことは間違いないと思われます。

天武天皇が崩御し、皇位継承が予定されていた草壁皇子が病没すると、草壁の母親である皇后鸕野《うの》は、自ら即位して持統天皇となります。高市皇子は、太政大臣として持統王朝を支えるのですが、残念ながら、彼は四十三歳で没してしまいます。

余談になりますが、立派な四神（青龍、朱雀、白虎、玄武）の壁画や石室の天井に描かれた天文図で有名な奈良県高市郡明日香村の「キトラ古墳」は、天皇家の墓が南北に連なる、いわゆる「聖なるライン」上に位置する古墳で、皇族や重臣の墳墓と推測されています。この古墳の被葬者を高市皇子に比定する説が出されているのですが、私も高市皇子が最有力候補だと考えています。高市説が根拠としているのは、出土した歯の骨とこめかみ部分の骨片から、被葬者は大柄で咀嚼筋が発達した逞しい四十歳から六十歳ほどの男性と推定されたこと、ならびに石室の見事な装飾や副葬品から判断して、皇族が葬られた可能性が高いと考えられることです。歯の状態から見て、被葬者を五十歳から六十歳代とする見解も示されていますが、被葬者の特定には至っていません。

　私が、キトラ古墳の被葬者を高市皇子と考えるもう一つの理由は、この古墳の副葬品で、復元され「黒漆塗銀装大刀」と名付けられた「漆黒の鞘と柄頭を持つ太刀」が、後にご紹介する草壁皇子の愛刀で、長男の文武天皇や孫の聖武天皇に伝授された「黒作懸佩刀《くろづくりかけはきのかたな》」に酷似していると思われるからです。

　キトラ古墳に先行する高松塚古墳の被葬者を草壁皇子に比定する説がありますが、この説に従うならば、天武天皇は、長男の高市皇子と二男で皇太子の草壁皇子に後継を託し、この二人に同じ黒漆塗りの太刀を与えたと考えることもできます。二振りの黒塗りの刀は、「日並知皇《ひなみしのみ》子《こ》」と呼ばれた皇太子の草壁皇子と、「後皇子尊《のちのみこのみこと》」と呼ばれ、おそらく草壁の後見を託されていたであろう高市皇子との関係を象徴しているのではないでしょうか。

壬申の乱の軍事指揮官として活躍し、天武天皇亡き後は太政大臣として持統天皇を支え、四十三歳という年齢でこの世を去った高市皇子がキトラ古墳の被葬者である可能性は高いと思われます。

余談ついでに申し上げると、私は、興福寺八部衆像のうち長屋王の生前の姿を写したと推定している「畢婆迦羅像」の頬骨（エラ）の張った顔立ちや聡明そうな切れ長の目から、長屋王の父高市皇子の偉丈夫な姿を連想してしまうのですが、いかがでしょうか。


二十一歳のときに父親を失った長屋王ですが、父高市皇子の威光や母御名部皇女の出自の高さ、さらに元明天皇の娘で文武天皇および元正天皇の妹である吉備内親王を妻としていたことから、平城京においても破格の待遇を受けていたようです。

一九八八年、奈良市のデパート建設予定地から偶然発見された三万五〇〇〇点に及ぶ木簡（文字の書かれた木札等）のなかから「長屋《ながや》親王宮《しんのうのみや》鮑《あわび》大贄《おおにえ》十編《じゅっぺん》」と書かれた完全な形のものが発見され、その後も長屋王家の生活の痕跡を明示する木簡や関連する出土物が相次いだことから、この場所「平城京左京三条二坊一・二・七・八坪」の約二百五十メートル四方の区画が、長屋王の邸宅であったことが判明しました。現在訪れてもその広大さに圧倒されます。

発掘調査記録によりますと、敷地内には、三百六十平方メートルの正殿を中心に、吉備内親王の御所や瓦葺きの持仏堂（個人の仏像を安置した堂）および数々の政務所や作業所などが整然と立ち並び、長屋王ばかりでなく、吉備内親王に仕える役人や工人、女官など数百人の人々が働いていたようです。さらに、長屋王家の酒宴の料理は、現代の高級料亭に勝るとも劣らないほどの豪華さで、食材も近接地ばかりでなく、武蔵や筑前などはるか遠方の地からも運ばせていたことがわかっています。

また、長屋王は、この邸宅以外にも「作宝楼《さほろう》」という立派な庭園を有する別荘を持っていて、多くの人々を招いては度々歌会や宴を開いていました。こちらの「作宝楼」が本来の長屋王宅であり、左京三条二坊の大邸宅は、氷高内親王（後の元正天皇）と吉備内親王姉妹の住まいを長屋王が受け継いだものであるとの説がありますが、いわゆる「長屋王家木簡」のなかから、内親王の住居を意味する「北宮」と書かれたものが発見されていることからも、この説にはとても魅力を感じます。

いずれにせよ、長屋王という人物は、時の天皇をも凌《しの》ぐ血統の高貴さに恵まれ、平城の都でも特別な立場に置かれていた人であったことは間違いないでしょう。

このような長屋王ですが、官位を得たのはとても遅く、大宝四（七〇四）年正月に二十九歳で「正四位上」に叙されています。通常親王の子供は、二十一歳で従四位下という官位を受けるのですが、長屋王は八歳も遅れて叙位され、しかも、いきなり通常より三階級も上位の正四位上という官位を授けられているのです。

長屋王に対する特殊な叙位の経緯について、私は、長屋王はその血筋の確かさから、文武天皇に万が一のことがあった場合の有力な皇位継承候補者とされていたため、官位を与えて天皇の臣下とすることを避けたのではないかと考えています。大宝元（七〇一）年に生まれた首皇子（後の聖武天皇）の確かな成長を見届けた後、役割を終えた長屋王には文武天皇の妹である吉備内親王が与えられ、破格の高官位が初授されたのではないでしょうか。

この後も長屋王は、三十五歳という若さで、官人の人事や朝廷の礼儀を司る最重要職である「式部卿」に任じられ、さらに参議や中納言の職を経ずして大納言に抜擢されるなど、通常では考えられない速さで昇進していくことになります。そして、養老四（七二〇）年、古代史上最大の政治的巨魁藤原不比等が没した後、朝政の中心人物となった長屋王は、その絶頂期に突然の死を迎えることになるのです。時に長屋王五十四歳、まさに人生の円熟期でした。

一方、長屋王と対立していた藤原四兄弟ですが、長男武智麻呂は天武九（六八〇）年、二男房前は天武十（六八一）年、三男宇合は持統八（六九四）年、四男麻呂は持統九（六九五）年にそれぞれ誕生しています。とくに長男の武智麻呂と二男の房前は、それぞれ長屋王より四歳および五歳年下で年齢も近く、幼いころからお互いをよく知る間柄であったと思われます。彼らの父親は、平城京の生みの親であり、この時代の屋台骨を支えていた天才政治家藤原不比等です。

藤原不比等は、中大兄皇子（天智天皇）の重臣であった中臣（藤原）鎌足の二男で、中臣氏が、壬申の乱で敗れた近江朝廷側の中心的勢力であったことから、天武朝においては活躍の場を与えられていませんでした。ところが、天智の娘である持統天皇の時代になると、不比等は、三十二歳で判事に補任されたのを皮切りに目覚ましい出世を遂げていきます。

藤原不比等の成した業績を見ると、「律令の編纂と施行」、「平城京の造営」、「鉱物資源の開発」、「貨幣の鋳造」、「国史の編纂」、「百官の粛正と風儀の矯正」、「学術の奨励と有識者の活用」など、いずれも国家の基盤形成に不可欠な重大事業ばかりで、日本古代史上最大の政治的巨魁と称される不比等の桁外れな能力を物語っています。

また、藤原不比等は皇位の継承においても特別な役割を担っています。『東大寺献物帳《とうだいじけんもつちょう》』に見える「黒作懸佩刀」の由緒書きには「右、日並皇子（草壁）、常に佩時せられ、太政大臣（不比等）に賜う。大行天皇（文武）、即位の時、すなわち献ず。大行天皇、崩ずる時、また大臣に賜う。大臣、薨ずるの日、さらに後太政天皇（聖武）に献ず」と書かれ、まるで不比等が、草壁から文武を経て聖武へと繋がる皇統の守護者であるかのように表現されています。このことからも、不比等が、持統以下の歴代天皇たちから絶対的な信頼を得ていたことは間違いないでしょう。

藤原不比等が極めて短期間で天皇家に取り入り、重要な地位を得ている理由について、藤原不比等は天智天皇の落胤《らくいん》であったとする見解も出されていますが、根拠は示されていません。

また不比等は早くから草壁皇子の舎人《とねり》として仕え、信頼を得ていたのではないかとする説もありますが、こちらのほうは持統の父天智と不比等の父鎌足との関係から推測して可能性があると思われます。

藤原不比等の存命中は、長屋王と藤原氏との関係はかなり良好であったようです。長屋王は、不比等の娘である藤原長娥子《ながこ》を娶り、安宿王《あすかべ》や黄文王《きぶみ》など四人の子供をもうけており、さらに不比等の領導する政権の下で、宮内卿や式部卿といった重責を得て大納言に至るという異例の出世を遂げています。また不比等の死後に政界の首班を担った長屋王の政治は、着実に不比等の政策を踏襲し発展させています。

これらの事実から推測して、藤原不比等は娘婿でもある長屋王の政治的能力を高く評価していたと考えられます。したがって「長屋王の変」が、長屋王を代表とする皇親勢力と藤原一族との長年にわたる政治的対立の産物であるという見解には賛同できません。

この時期の長屋王と藤原四兄弟との関係ですが、少なくとも表向きは良好であったことがわかります。長屋王の政権下においても、長男武智麻呂が不比等の後継者として中納言に抜擢されるなど、不比等の息子たちはそれぞれ順調に出世しており、長屋王と藤原四兄弟との間に目立った確執は認められません。また長屋王が不比等の娘を室としたように、武智麻呂も長屋王の妹竹野《たけの》女王を娶っています。長屋王と藤原四兄弟との対立が表面化し、両者が抜き差しならない状況に追い込まれていくのは、文武天皇の遺児である首皇子《おびと》が即位し、聖武天皇となった後のこととなります。

聖武天皇の即位後、長屋王と藤原四兄弟との関係はしだいに悪化し、ついには「長屋王の変」を招いてしまうことになるのですが、この事件には、長屋王の邸宅を包囲するために王宮の守備隊までもが動員されており、時の天皇聖武の意志が強く反映していたことは明らかです。このことについて、聖武天皇が藤原四兄弟の謀略に乗せられ、はからずも長屋王に無実の罪を着せることになってしまったとする見解が示されていますが、藤原安宿媛の皇后立后などを通じて、事件後の聖武天皇と藤原四兄弟との絆は格段に強さを増しており、聖武天皇が、武智麻呂たちの讒言《ざんげん》を鵜呑みにして長屋王断罪の勅命を発してしまったとは到底考えられません。また極めて閉鎖的で特殊な環境に育った聖武天皇が、神経質で短絡的な性格の人物であったと推測することはできますが、一方で正倉院に保管されている直筆の書や関連の遺物から判断すると、聖武天皇は高い知性と優れた見識の持ち主でもあり、いとも簡単に臣下に操られてしまうような愚鈍な人物であったはずがありません。

なぜ、聖武天皇と長屋王との関係は、死をもって決着するまでに悪化してしまったのでしょうか。このことを解明するために、時代を少し戻して、持統天皇以来、あらゆる手段を駆使して聖武天皇に受け継がれた血筋「草壁皇統」の問題について考えてみたいと思います。

持統天皇の悲願「草壁皇統」の存続と首皇子への期待

朱鳥元（六八六）年九月、「壬申の乱」に勝利して近江朝廷側から王権を奪取した天武天皇が没すると、皇后鸕野は息子である草壁皇子の皇位継承を確実なものにするために、すかさず草壁のライバルとなり得る甥の大津《おおつ》皇子を謀殺し、盤石の体制を整えます。しかし、草壁皇子は元来の虚弱な体質もあってか、二年三カ月に及んだ天武天皇の殯《もがり》の後、即位することなく没してしまいます。やむなく、天皇に代わって政務を執る「称制《しょうせい》」という形で朝政を担ってきた皇后鸕野は、持統四（六九〇）年、正式に持統天皇として即位し、まだ八歳であった草壁の遺児軽《かる》皇子の成長を待つことにします。

この混乱と不安の中での船出となった持統王朝を支えた二人の人物こそ、天武天皇の長男で「壬申の乱」の軍事指揮官であった高市皇子と若き天才政治家藤原不比等だったのです。

持統（鸕野）は、夫天武と父天智の血統を確実に継承させるために、草壁皇子に自身の異母妹である阿閇《あへ》皇女（後の元明天皇）を、高市皇子には阿閇の同母姉である御名部皇女をそれぞれ娶らせます。そして草壁と阿閇との間には軽皇子（後の文武天皇）が、高市と御名部との間には長屋王が誕生するのです。

その後、成長した長屋王には、草壁皇子と阿閇皇女の娘で文武天皇の妹である吉備内親王が与えられます。これにより文武天皇と長屋王（実質は吉備内親王）の二つの血筋を通して持統天皇の悲願「草壁皇統」を守っていく体制が固められたのでした。

そして、大宝元（七〇一）年に文武天皇と夫人藤原宮子《みやこ》との間に首皇子が誕生すると、翌年十二月、持統天皇は安心したかのように、五十八年の波乱に満ちた生涯を閉じるのです。

文武天皇の即位および首皇子の誕生によって皇位をめぐる情勢も安定化し、平城遷都も具体化しつつあった慶雲四（七〇七）年、朝廷はふたたび衝撃に見舞われます。文武天皇が、父草壁皇子よりさらに若い二十五歳という年齢で崩御してしまうのです。おそらく父草壁皇子に似た虚弱な体質でありながら、十五歳という異例の若さで即位した文武天皇にとって、天皇の責務はかなりの重圧であったのでしょう。このとき皮肉にも文武天皇の後継者首皇子は七歳、歴史は繰り返されることになったのです。

自らの死期を悟っていた文武天皇は、母阿閇皇女に譲位することを希望します。阿閇皇女は辞退し続けますが、その間に文武天皇は崩御してしまいます。やむなく阿閇皇女は即位して元明天皇となりますが、皇位継承権を有する天武天皇の皇子や有力な皇孫が何人も存在する中での息子から母への、しかも皇后にもなっていない女性への皇位継承は異例中の異例であり、周囲の反発は必定であったと思われます。

この事態を収拾するために持ち出されたのが、天智天皇が定めたとされる「不改常典《ふかいじょうてん》」です。この「直系男子による皇位継承の不改の定め」なるものが登場したのは歴史上これが初見で、もちろん天智が定めたとする根拠もありません。もともとは天智天皇による弟大海人皇子から溺愛する息子大友皇子への皇位継承者変更の目論見に過ぎなかったものを、あたかも「不改常典」という恒久的な規範が、すでに天智天皇によって定められていたかのように装い、文武天皇から首皇子への皇位継承、さらには中継ぎ女帝としての元明天皇即位の正当化をはかったというのが事の真相でしょう。

「不改常典」が、皇統の祖である天武天皇でなく、天智天皇によって定められたことにした理由は明瞭です。天武天皇は、皇太弟として皇位継承者の地位にあった自分を排除して、采女《うねめ》（天皇や皇后などの身辺の雑事を担う女性）の産んだ大友皇子への皇位継承を実現させせんとする天智天皇の企みを阻止し、天智の息子である大友皇子を滅ぼして皇位についた人物であり、その天武が「不改常典」を定めるはずがないからです。

また、当時の近臣および氏族たちに「不改常典」もしくは天智天皇による「親子間皇位継承の厳格なる定め」が広く認識されていたならば、大海人皇子（天武）は明らかに天皇および国家に対する反逆者、すなわち謀反人ということになり、「壬申の乱」において、あれほどの人望と戦力を集めて圧倒的な勝利を収められるはずがありません。「不改常典」は明らかに後世の作文です。いかなる手段を用いても「草壁皇統」の存続をはかろうとする持統天皇と、この遺志を引き継いだ元明天皇の執念を感じさせられます。

改めることを許さない永久不滅の定め「不改常典」なるものを創作し、元明天皇を中継ぎに立てて首皇子への皇位継承を仕組んだ黒幕は、間違いなく藤原不比等でしょう。彼以外にこのような大胆かつ巧妙な手段を考えつく人物は見当たりません。目的のためには歴史の改竄をも厭わない不比等の冷徹な性格が目に見えるようです。

これにより天皇家は藤原不比等に決定的な借りを作ることになりました。この後、藤原氏は他の氏族を圧倒して、天皇家との蜜月関係をいっそう強固なものにしていきます。そして不比等は、かねてからの野望である藤原の子首皇子のための都「平城京」の造営に邁進するのです。

ところが、平城遷都後の霊亀元（七一五）年九月、元明天皇は、前年に立太子した首皇太子ではなく、自身の娘で文武天皇の姉である氷高内親王に皇位を譲ります。これまた歴史上例のない女性から女性への皇位継承です。首皇太子に直接譲位しなかった理由として、元明天皇は詔のなかで「皇太子はまだ若く、宮殿の奥深くを離れることができないので多くの政務をこなすのは無理であろう」と説明しています。

このことについて、父親の文武天皇は首皇子と同じ十五歳で即位していること、ならびに養老三（七一九）年にも元正天皇が「年歯なお稚くして政道に閑わず」として皇位を譲らず、舎人親王らに首皇子の教育係を命じていることから、首皇子の天皇としての資質に問題があったとする説や、祖父の草壁皇子や父親の文武天皇が短命であったことから、体の弱い首皇子の健康面に配慮したとする説、あるいは首皇子の後ろ盾である藤原氏のこれ以上の専横を防ぐための防衛策であったとする説などが出されており、それぞれ首肯できる部分がありますが、私は、元明天皇が直接首皇子に譲位しなかった第一の理由は、首皇子の母の出自にあると考えています。

首皇子の母藤原宮子は夫人に過ぎません。皇女を母とする舎人親王や長屋王たちが健在であるのに、夫人の産んだ子供が彼らに先んじ、しかも「不改常典」にも抵触しかねない祖母から孫への譲位によって天皇となったのでは、今後の政情不安を招く原因ともなりかねません。そこで元明天皇は、まず文武天皇の姉であり「草壁皇統」の正統な継承者である氷高内親王に譲位し、その後氷高（元正天皇）と首皇子との間に儀礼的な母子関係を構築して、「不改常典」の定めに沿った天皇から皇太子への親子間皇位継承の形式を整えたのだと思います。

文武天皇の崩御以降、氷高内親王が三十六歳で即位するまでの間、ずっと独身を通してきた事実がこのことを裏付けています。また『続日本紀』には、元正天皇は宣命において聖武天皇を「吾が子みまし王（神亀元年）」や「朕が子天皇（神護景雲三年）」と呼んでいたことが記録されており、二人の間に儀礼的な母子関係があったことは間違いありません。

元正天皇から聖武天皇への親子間皇位継承に対する強いこだわりを示す有力な物証として「正倉院」に伝来する「赤漆文欟木御厨子《せきしつぶんかんぼくのおんずし》」があります。『国家珍宝帳《こっかちんぼうちょう》』の記す厨子の由来によると、天武天皇の遺品であるこの厨子は、持統→文武→元正→聖武→孝謙（称徳）の順に受け継がれた後、東大寺の大仏に献納されたのですが、なぜか歴代天皇の名前から元明天皇が除外されています。その理由は、元明天皇はあくまでも中継ぎに過ぎず、「不改常典」に基づく正式な「草壁皇統」の皇位継承は、草壁と元明の娘である元正天皇から儀礼的な息子聖武天皇への譲位によって成立すると認識されていたからだと思われます。

さらに元明天皇には、何としても元正天皇と首皇子との間に確固たる親子関係を構築しておかねばならない切実な理由がありました。それは、首皇子を産んだ直後に極度の鬱状態におちいり、以来息子の顔を一度も見ることなく、藤原不比等邸の片隅にひっそりと暮らす母宮子の本当の出自について、ごく一部の人のみが知る重大な秘密があったからなのです。

藤原宮子の出自の謎と文武天皇の勅願寺建立

和歌山県日高郡にある名刹「道成寺」は、大宝元（七〇一）年、文武天皇の勅願によって建立された寺院です。能や歌舞伎で演じられる『安珍・清姫の物語』で有名な寺ですが、この寺には見過ごすことのできないもう一つの伝承があります。それは「かみなが姫伝説」と呼ばれ、要約すると「聖武天皇の母宮子は、紀伊国の黒髪の美しい娘を藤原不比等が養女とし、文武天皇に夫人として差し出したものである」という伝承です。この伝承は今でも道成寺において大切に守られていて、本尊の国宝「千手観音立像《せんじゅかんのんりゅうぞう》」の隣には「宮子姫の像」が安置され、寺では毎日「かみなが姫の物語」が語り伝えられています。

いわゆる伝承や伝説には信憑性を欠くものが少なくないのですが、紀伊国を代表する名刹である道成寺は文武天皇の「勅願寺」であり、寺域からはこの時代の建造を裏付ける八世紀初葉の瓦も出土しています。また聖武天皇の母親が藤原不比等の実の娘ではないという、天皇や藤原氏の権威を失墜させかねない不遜な物語を伝えながらも、道成寺が目立った迫害を受けることもなく、千数百年もの間人々の熱い信仰を集め続けてきた事実は、この伝承が何らかの史実を物語っていることの証明にほかなりません。

しかし、私は、この道成寺の伝承にはさらに奥があると思っています。冷静に考えると、不世出の政治家である藤原不比等が、いかに美しい娘を見つけたとはいえ、わざわざ無名の地方氏族の娘を自らの養女にして文武天皇に差し出すような真似をするでしょうか。答えは、否です。不比等はそのような安っぽい政治をする人間ではありません。このことについて私はこう考えています。

宮子（本名は不明）は、紀伊国の日高郡から采女として宮中に送られた海人の娘であった。この娘の美しさに魅せられた文武天皇は彼女を寵愛し、やがて彼女は文武天皇との間に男子を出産した。皇族出身の皇后を持たない文武天皇は、この男子を自らの世継ぎにすることを強く望んだが、すでに文武天皇には名門氏族である石川氏および紀氏出身の嬪がおり、彼女たちの産んだ男子が優先して皇位につく可能性が高く、また采女の子が皇位を継承できる可能性は皆無に近かった。そこで、文武天皇の体制を支える天才政治家藤原不比等は一計を案じ、彼女を自らの長女宮子に仕立て上げ、石川氏や紀氏の娘よりも上位の夫人として位置付けた。さらに不比等は、首と名付けられた皇子の元服を目前にすると、邪魔になる石川氏および紀氏の娘たちの嬪位を剥奪して子供たちとともに宮中から追放し（石川《いしかわの》刀子娘《とねのいらつめ》貶黜《へんちゅつ》事件《じけん》）、文武天皇と偽りの藤原の娘との間に生まれた首皇子の皇位継承体制を作り上げた。しかし、自らの出自も名前も捨てさせられ、まったくの別人に仕立てられた娘は憂愁の淵に沈み、心を病んだ彼女は、一人藤原不比等邸の片隅に幽閉されてしまう。皇統の存続上やむを得ない措置とはいえ、娘の置かれた立場に深く心を痛めた文武天皇は、采女の故郷である紀伊国日高郡の地に天皇自らが命じた「勅願寺」を建てて彼女を慰め、あわせて彼女の両親を顕彰することとした。この寺が今日の道成寺である。

この推理には、次のような傍証があります。

正史『続日本紀』は、大宝元（七〇一）年九月十八日から翌十月十九日まで文武天皇が紀伊国へ行幸したことを記しています。また『万葉集』に残された歌から、この行幸には太上天皇（持統）も同行していたことがわかっています。かなり長期間の行幸ですが、その目的は書かれていません。

天皇一行が十月八日に武漏の湯（現在の白浜温泉）に到着すると、文武天皇は、従ってきた官人および紀伊国の国司・郡司らを昇進させて衣服や寝具を与えています。さらに天皇は、紀伊国内の高齢者に稲を給付するとともに、紀伊国全体のその年の租・調および正税の利息を免除するという極めて手厚い恩賞を与えます。なかでも武漏郡については正税出挙の元利とも返済を免除し、罪人までも赦免しています。これらのあまりに破格というべき恩賞の数々に、私は、文武天皇は、行幸に尽くした紀伊国の人々の労に報いるために恩賞を与えたのではなく、むしろ逆に、紀伊国の人々に対して恩賞を与えるために行幸したのではないかと考えています。

なぜ、文武天皇は、自ら行幸までして紀伊国の人々に多大な恩賞を与えたのでしょう。そもそもなぜ彼は紀伊国を目指したのでしょうか。病弱な体を癒やすための湯治でしょうか。しかし、天皇一行が武漏の湯に到着したのは、新益宮《あらましのみや》（藤原京）を出発してから二十日後の十月八日です。このことからも、この行幸がたんなる湯治目的の旅でなかったことは明白です。武漏温泉に到着する以前の天皇の一行は、二十日間も、どのような目的で、どこに滞在し、いったい何をしていたのでしょうか。

また、文武天皇は都に帰還した後も、行幸に付き従った諸国の騎士たちの調《ちょう》・庸《よう》や、荷物の運搬に携わった者たちの田租《でんそ》を免除しただけではなく、なんと十一月四日には全国に大赦《たいしゃ》を命じ、六十一歳を超える老人や病人および僧尼たちにも恩賞を与えているのです。紀伊国への行幸とはまったく関係のない人々にも恩赦や恩賞を与えるなど、まるで国を挙げての祝賀行事が行われているかのようです。文武天皇や貴族たちはいったい何を慶び、何を祝っているというのでしょうか。

そして『続日本紀』は、この大宝元年の条の最後に、さりげなく「この年、夫人の藤原氏が皇子を産んだ」と付け加えています。何月何日のことであったかは書かれていません。皇太子の誕生と文武天皇の行幸との関連を疑われないために、あえて首皇子の誕生の時期を記さなかったとは考えられないでしょうか。

これは私の願望も入った憶測なのですが、文武天皇は、寵愛する采女をこの行幸に同行させたのではないかと思うのです。心優しい青年天皇文武は、二度と故郷に戻れないであろう采女に、父母と最後に過ごす機会を作ってやったのではないか、彼女のその後の悲惨な人生を思うと、そのように考えたくなってくるのです。

なお、この藤原宮子海人の娘伝説については、梅原猛氏の著書『海人と天皇』において精緻な論証がなされていますので、興味のある方はぜひお読みになることをお勧めいたします。

『続日本紀』の記事によると、宮子の母は賀茂比売《かもひめ》といい、藤原不比等との間に宮子一人をもうけ、天平七（七三五）年に舎人親王、新田部親王と同じ疫病で亡くなったとされています。

賀茂比売に関する記事は少なく、娘である宮子との交流の形跡も見当たりません。賀茂比売は宮子が幽閉されている不比等邸に住んではいなかったのでしょうか。なぜ宮子とされる娘は母親からも我が子からも隔離され、藤原不比等の邸宅の片隅に幽閉されて秘かに生涯を送らなければならなかったのでしょうか。

賀茂比売の実在性はともかく、彼女は宮子の出自に対する疑惑を避けるために、母親の役回りを与えられた女性であったのかもしれません。

賀茂比売の死から二年後の天平九（七三七）年、ふたたび平城京を襲った疫病（天然痘）の大流行により、今度は藤原四兄弟全員が相次いで亡くなります。そして四兄弟滅亡後の同年十二月、『続日本紀』はなんとも不可解な記事を載せているのです。

記事の内容は「出産以来憂鬱な気分に陥り、永らく常人らしい行動をとっていなかったため、皇子（聖武）に会ったことがなかった皇太夫人（宮子）は、皇后の宮に赴いて玄昉法師の看病を受けると、たちまちおだやかで悟りを開いた境地となり、その時ちょうど皇后宮に来ていた聖武天皇との初対面を果たしたので、国中の人々が慶んだ」というものです。

舎人親王、新田部親王、賀茂比売そして藤原四兄弟といった、聖武天皇出生の秘密や「長屋王の変」の真相を知る人物たちが死滅したのを機に、突如として正気を取り戻した母親宮子が、偶然にも皇后の宮を訪れていた息子の聖武天皇と三十六年ぶりの対面を果たしたという『続日本紀』の記事に、極めて強い作為性を感じるのは私だけでしょうか。

正気に戻った聖武天皇の母親は、いったいわが子に何を語ったのでしょうか。もしかすると、彼女は正気を失っていたのではなく、実はかろうじて正気を保っていたのかもしれません。気丈な紀伊の海人の娘は、幽閉され憂愁の淵に沈みながらも、なんとか真実の記憶を失わずに過ごし、藤原四兄弟たちの壊滅を機に、息子に自らの記憶を語った。そして、このときに受けた衝撃、すなわち自分の出生の秘密を知ってしまったことが、翌年からはじまる聖武天皇の彷徨の一因となったとは考えられないでしょうか。

私は、現在「法華寺」となっている旧藤原不比等邸の東北の片隅にひっそりと立つ「隅寺」

こと「海龍王寺」が、宮子とされた聖武天皇の母親を幽閉していた場所ではないかと思っています。

この寺は、藤原不比等が王宮の東側に邸宅を構えるにあたり、予定地の一角にあった土地ゆかりの寺院を取り壊さず残したものなのですが、唐から帰国した僧玄昉が住持し、帰国時に暴風雨から玄昉の船を守った『海龍王経』を唱える寺となったことで、聖武天皇が「海龍王寺」と命名し、宮廷寺院・宮中内道場として栄えたとされています。

しかし、訪ねてみるとよくわかるのですが、華やかな伝承とは裏腹に、隣接する法華寺からも隔絶された、あまりに小さく質素なこの寺院のたたずまいからは、そのまま「幽閉」や「隔離」といった言葉を連想させられます。ときには安宿媛の居住する不比等邸を訪れたであろう首皇子に知られることなく、数十年にわたって彼の母親を隔離できた場所は「隅寺」すなわち「海龍王寺」をおいてほかにないと思います。

なお、梅原猛氏も著書のなかで「海龍王寺」に宮子がいたという伝承があることを紹介し、この寺と水神との深い関係を指摘しています。幽閉された海人の娘が過ごした場所が、水神とゆかりの深い寺「海龍王寺」というのも、何か意味深長なものを感じさせられます。

また、藤原宮子にかかわるものとして興味深い遺物があります。それは、先にご紹介した「赤漆文欟木御厨子」に納められていた天平十六（七四四）年作の皇后光明子自筆『楽毅論《がっきろん》』

の末尾に書かれている「藤三娘《とうさんじょう》」という署名です。

光明子は、皇后名ではなく「藤三娘」と署名することで、自分は宮子および長娥子（長屋王の妻）に続く藤原不比等の三番目の娘であるということを強調しています。皇后自らが後世に残す重要な文書に、あえて自分は藤原の三番目の娘であると明記しているのです。この理由について、光明子の磊落《らいらく》な性格や藤原氏への思い入れの強さをあげる見解が示されていますが、私は、この署名の不自然さに極めて政治的なにおいを感じています。光明子は、わざわざ「藤三娘」の署名を残すことで、後世の人々による聖武の血筋に対する疑惑、すなわち、聖武の母宮子は藤原不比等の実子ではないという事実を封じ込める狙いがあったのではないかと思われるのです。

ちなみに、この文書の光明子の筆は、男性の書と見間違うほどに大胆で力強く、同じ厨子に納められていた聖武天皇自筆の『雑集』の緻密で繊細な書体と比較すると、まるで男女が逆になっているかのような印象を与えています。二人の性格もまた書と同様に、繊細な聖武天皇と大胆な皇后光明子といったものであったのかもしれません。

いずれにしても、聖武天皇が自身の血筋に強いコンプレックスを抱いており、その矛先が対照的な血統を持つ長屋王と吉備内親王の王子たちに向けられていたことは間違いないと思われます。

長屋王と聖武天皇および藤原氏との対立

元明天皇から氷高内親王（元正天皇）に皇位が譲られた翌年、首皇太子は藤原不比等と県犬養三千代（橘三千代）の娘安宿媛を妃に迎えます。くしくも二人は同じ大宝元（七〇一）年生まれの十六歳でした。安宿媛の母三千代は、後に興福寺八部衆の造像における核心的な役割を担う人物となるのですが、ここでは持統天皇以来の歴代天皇に最も信頼された女官で、藤原不比等と再婚し安宿媛を出産した後、首皇子の乳母を務めて首皇子と安宿媛の成長を支えた人物であることを伝えるに留め、三千代の功績と阿修羅たち興福寺八部衆の造像に果たした役割については後ほど詳しく述べさせていただきたいと思います。

突然の「不改常典」なるものの出現、子から母へ、さらには母から娘への譲位と尋常ならざる手段を次から次へと繰り出し、神亀元（七二四）年二月四日、二十四歳となった首皇子は元正天皇の譲位を受け、ようやく天皇に即位します。聖武天皇の誕生です。父文武天皇の死から十七年、立太子から実に十年後のことでした。

聖武天皇の即位により、持統天皇以来の悲願である「草壁皇統」はなんとか維持されることになりました。しかし、安心も束の間、聖武天皇には新たな難題がのしかかってきます。

かつて元明天皇が「年歯稚くして深宮を離れず」と評し、東宮において腫れ物に触るように育てられ、脆弱な体質であったと想像される聖武には、八年前に皇太子妃とした安宿媛との間に阿倍内親王一人が生まれただけで、肝心の皇位継承者となるべき男子が誕生していなかったのです。

さらに皮肉なことに、もう一方の「草壁皇統」の継承者である長屋王と吉備内親王との間には、膳夫王を筆頭に三人もの男子が生まれ、彼らは皆、眩しいほど健やかに育っていたのでした。

年月を経てもいっこうに男子が生まれない聖武と安宿媛および藤原四兄弟には、首皇子立太子の翌年、霊亀元（七一五）年二月に元明天皇が発した「勅（天皇の命令）」が日々その重さを増し、ついには息も詰まるほどの重圧となっていきます。

彼らを追い込んでいった元明天皇の勅とは「吉備内親王の子女をすべて皇孫扱いとする」というものでした。長屋王は天武天皇の皇孫であり、その子供たちに皇位継承のチャンスが巡ってくる可能性はありません。しかし、中継ぎの女帝とはいえ、元明天皇はれっきとした天皇であり、元明の娘である吉備内親王の子供たちを皇孫として扱うことが決まると、吉備の王子たちの皇位継承の可能性が格段に強くなります。元明天皇の娘で文武天皇の妹である吉備内親王の男子は「草壁皇統」の有力な後継者となるのです。

すなわち元明天皇の勅とは、事実上「聖武天皇に男子が誕生しなかった場合には、吉備内親王の男子に草壁皇統を継がせる」という宣言にほかならないのです。首皇子の虚弱な体質や繊細な性格、さらには危うい血筋の問題などに頭を悩ませていた元明天皇にすれば、「草壁皇統」の存続を保障するための補完策であったのでしょうが、この勅は日々現実味を増していき、自分たちの子供に皇位を渡せない聖武と光明子、さらに天皇の近親としての権力のすべてを奪われてしまうことになる藤原四兄弟を、焦りと恐怖の淵へと追い込んでいくことになります。

元明天皇の勅が与えた影響の大きさについて、長屋王邸の跡地から発掘された「長屋親王宮鮑大贄十編」と書かれた木簡が重要な示唆を与えてくれます。この木簡の「親王」の表記が意味するところについて、私は、吉備内親王の子供たちを皇孫扱いとしたので、彼らの父であり吉備の夫である長屋王もまた吉備内親王と同格の親王として扱うことにしたのだと思っています。

このことについて、木簡に記された「長屋親王」という表現は、長屋王の邸内で私的に使われていた呼称であり、自ら親王を名乗る長屋王の不遜な行為が「長屋王の変」を招く原因となったのだとする説がありますが、天皇を中心に据えた律令制の中枢を担う長屋王が、自ら律令に背くような愚行に走るはずがなく、この説が的を射ているとは思えません。

これ以外に「長屋王の変」の原因として、長屋王の政治手法に対する貴族たちの不満や、長屋王の両親の供養をめぐる写経の問題をとりあげる見解も示されていますが、あれほどの大事件を引き起こす動機としては弱すぎると思われます。先に述べたとおり、長屋王の行政は基本的に藤原不比等の政治を踏襲しており、不比等の長屋王に対する評価も高かったはずです。また、長屋王と藤原武智麻呂や房前との間にも政策上の目立った対立は見られません。

このような長屋王原因説といった主張には、この冤罪事件を、聖武天皇をはじめとする王権側の人々の一方的かつ短絡的な行動と断ずることへの逡巡、すなわち死を賜わった長屋王の側にも、それなりの重大な過失があったと解釈したがる傾向を感じざるを得ません。しかし、やはり「長屋王の変」は、冷静さを欠いた聖武天皇と権力からの陥落を恐れた藤原四兄弟による、なりふり構わぬ暴挙にほかなりません。天皇の命令があったからこそ、三関の閉鎖や六衛府の動員といった、あり得ないほどの大げさな軍事行動が可能であったのです。

よく長屋王と聖武天皇の対立のきっかけとして引き合いに出される事件に「藤原宮子大夫人称号事件」がありますが、果たしてそうでしょうか。この事件について検討してみましょう。

即位の二日後、聖武天皇は、生母藤原宮子を『大夫人《だいぶにん》』と称するとの勅を出します。これに対して左大臣長屋王が、「公式令には『皇太夫人《こうだいぶにん》』という称号が定められているので、皇の文字を失して『大夫人』と称することは令に違反することになる。しかし、『大夫人』という称号は天皇の勅による定めであるのでこれを用いないと勅に違反してしまう」として、この称号授与には矛盾があることを奏上します。これを受けた聖武天皇は、公的な文書では令のとおり『皇太夫人』とし、口頭では『大御祖《おおみおや》』とする、と勅を出し直します。

一見すると、天皇が勅を発したのにもかかわらず、長屋王が令を盾にとってこれを撤回させ、聖武に恥をかかせたかのように見えますが、よく考えると、長屋王の奏上によって、聖武天皇は、皇族出身ではない母宮子に対して公に「皇」の称号を贈るお墨付きを得たことになるのです。

つまり、聖武天皇は律令を尊重し役人の意見を大切にする器の大きな天皇、長屋王は臆することなく天皇に正しき判断を奏上する有能な左大臣という印象を天下の人々に与えるとともに、藤原宮子を『皇太夫人』と公称してはばからない事実を作り出すことに成功しているのです。まさに藤原不比等ばりの名演出なのではないでしょうか。

この策は、おそらく若いころから藤原不比等の政治手法を間近で学習してきた長屋王の発案によるものだと思われます。宮子の称号問題は、むしろこの時点での聖武天皇と長屋王との関係が良好であったことを物語っています。このことが「長屋王の変」を招く一因となったと仮定するならば、それはむしろ、父藤原不比等を彷彿とさせる長屋王の政治的能力を目の当たりにした不比等の息子たちが抱いた、ある種の劣等感または危機感によるものであったと考えるほうが適当でしょう。

元明天皇の勅と皇太子の死

このように見てくると、「長屋王の変」を招いた原因は、持統天皇から「草壁皇統」の死守を託された元明天皇が発した「吉備内親王の子女をすべて皇孫扱いとする」という勅にあったことがわかってきます。母も妻も皇族出身ではない聖武天皇と彼を頼みとする藤原四兄弟にとって、天武天皇の長男である高市皇子と天智天皇の娘である御名部皇女との間に生まれ、文武天皇の妹である吉備内親王を妻とする長屋王、そして長屋と吉備の間に誕生した膳夫王たちの輝かしい血筋は、心底脅威であったに違いありません。一方で元明天皇の立場からすれば、同母姉の御名部皇女の息子長屋王と自分の娘吉備内親王との間に誕生した王子たちは、彼女の悲願である「草壁皇統」の行く末を託すのに最もふさわしい存在であったことも紛れのない事実だと思われます。

しかし、よく考えてみれば、元明天皇の勅は、あくまでも聖武天皇に皇子が誕生しなかった場合の次善の策に過ぎないのです。聖武天皇と安宿媛の間に男子が生まれ、元気に成長してさえいれば、元明天皇の心配は杞憂に終わり、したがって「長屋王の変」も起こらず、奈良の都には平和な時間が流れていったことでしょう。皇位を継ぐ男子さえ生まれてしまえば、聖武天皇と安宿媛および藤原四兄弟たちは元明天皇の発した勅の呪縛から解放されるのです。

そして、神亀四（七二七）年閏九月二十九日、ついに安宿媛は聖武天皇の男子を出産します。結婚十一年目、長女阿倍内親王の出産から実に九年後のことでした。皇位継承をめぐる不安と恐怖から解放された聖武天皇の喜びようはどれほどのものであったでしょう。

それでは『続日本紀』の皇子誕生に関する記録を追ってみましょう。

「十月五日　聖武天皇は中宮に出御し、王子誕生を祝って、大辟の罪（死罪）以外の罪を免じた。また百官の人らに物を賜わり、さらに皇子と同日に生まれた者すべてに、麻布一端・真綿二屯・稲二十束を賜わった。

十月六日　親王以下、左右の大舎人・兵衛・授刀舎人・中宮舎人・雑工舎人・太政官家の資人・女孺（下級の女官）に至るまで、身分に応じて物を賜わった。

十一月二日　天皇は中宮に出御された。太政官と八省は書状を進めて皇子の誕生を祝賀し、あわせて皇子のために玩具を献じた。この日、文武百官から使部に至るまで、朝堂院において宴を賜わった。五位以上の者には身分に応じて真綿を賜わった。代々の名家の嫡子で五位以上の位を帯びる者には、別に絁十疋を加増した。ただ正五位上の調連淡海・従五位上の大倭忌寸五百足の二人は、高齢のため特にこの列に入れられた。

天皇は次のように詔した。
『朕は神祇の助けにより、また宗廟の霊のおかげを蒙って、久しく皇位の神器をお守りしており、新たに皇子の誕生にめぐまれた。この皇子を皇太子に立てることとする。このことを百官に布告して、すべての者に知らせよ』
十一月三日　僧綱と僧尼九十人が、表をたてまつって、皇子の誕生を祝賀した。天皇から彼らの身分に応じて賜わりものがあった。
十一月十四日　大納言・従二位の多治比真人池守は、百官の史生以上の者を率いて、太政大臣の邸宅に赴き、皇太子を拝した。
十一月十九日　五位以上の官人と無位の諸王に宴を賜わり、身分に応じて禄を賜わった。
十一月二十一日　従三位の藤原夫人（光明子）に食封一千戸を賜わった。」

『続日本紀』の記事からは、皇子の誕生を迎えた聖武天皇と宮中の人々の歓喜と安堵が伝わってきます。しかし、驚いたことに聖武天皇は生後一カ月あまりの皇子を突然皇太子に立てると宣言するのです。もちろん前代未聞、元服を迎えるどころか、無事に育つかどうかもわからない赤子の立太子など到底考えられないことです。それほどまでに聖武天皇や藤原四兄弟の精神状態は切羽詰まっていたのでしょう。

天皇の「立太子宣言」を受けて、大納言多《た》治《じ》比《ひの》真《ま》人《ひと》池守《いけもり》以下の官人たちが、安宿媛の滞在する旧藤原不比等邸に赴いて皇太子に拝謁していますが、この一行には本来官人を率いるべき左大臣長屋王の姿が見られません。

皇太子への拝謁を拒んだという長屋王の行為が、聖武天皇の不信感を増幅させ、結果的に「長屋王の変」を招くことになったとする見解があります。たしかに長屋王には、常軌を逸した赤子の立太子宣言に対する抗議の意思があったと思われますが、この皇太子（基王《もといおう》）への拝謁には、長屋王と同じく皇位継承にかかわる立場にある舎人親王や新田部親王も顔を見せていません。皇親たちは皆、聖武天皇と藤原氏による強引な立太子宣言を快く思ってはいなかったのでしょう。それほどまでに聖武の立太子の詔は異常なものでした。

そして、皇子誕生から一年に満たない神亀五（七二八）年八月二十一日、聖武天皇は、突然次のような勅を発します。

「皇太子の病が日を重ねても癒らない。三法（仏法僧）の威力に頼らなければ、どうして病気をのがれることができようか。そこで慎んで観世音菩薩像百七十七体をつくり、あわせて観音経百七十七部を写し、仏像を礼拝し経典を転読して、一日行道を行ないたいと思う。この功徳によって皇太子の健康の恢復を期待したい」

皇太子の病はよほど重症だったのでしょう。さらに聖武天皇は、全国に大赦を行い、皇祖の諸陵に平癒祈願の幣帛を奉らせるなどの手を尽くします。しかし、聖武天皇の切実な願いも空しく、九月十三日、皇太子は一年にも満たない短い命を閉じてしまいます。

その後『続日本紀』は、皇太子の埋葬と官人たちの服喪の様子を簡単に伝え、皇太子夭折に関する記事を終えています。この『続日本紀』の表現の淡泊さが、かえって皇子を失った聖武天皇の悲しみや苦しみの深さを感じさせます。

そして、静かに年が明けた神亀六（七二九）年、正月を祝う行事を終えた二月十日、突然あの「長屋王の変」が勃発するのです。

ここまで奈良興福寺八部衆のモデルとなった長屋王と吉備内親王の一家を襲った「長屋王の変」の背景を探ってきましたが、ここで事件に至る経緯と私の考えを簡単に整理しておきたいと思います。

平城京滅亡のきっかけとなった事件「長屋王の変」は、持統天皇の、わが子草壁の血筋「草壁皇統」保持への異様な執念に端を発している。

早逝した草壁皇子に代わって自ら皇位に就き、孫の軽皇子の成長を待つことにした持統天皇を支えたのは、天武天皇の長男で長屋王の父である高市皇子と若き天才政治家藤原不比等であった。

その後、高市皇子の急逝という非常事態を何とか乗り越え、わずか十五歳という年齢で文武天皇が即位した。この文武体制を担った政治家が藤原不比等であり、これ以降不比等は天皇家の屋台骨を支え、藤原氏繁栄の礎を築いていく。

ところが、病弱であった文武天皇は、父草壁皇子よりなお若い二十五歳で崩御してしまう。早くも風前の灯火となった「草壁皇統」の存続のために皇位に就いたのが、草壁皇子の妃で文武の母である阿閇皇女（元明天皇）であった。この前代未聞の皇位継承を正当化するため藤原不比等によって編み出されたのが、天智天皇の定めとする「不改常典」である。

さらに「草壁皇統」の継承には、首皇子（後の聖武天皇）の母藤原宮子の出自をめぐる重大な問題が立ち塞がっていた。文武天皇の勅願寺である「道成寺」の伝承のとおり、宮子の正体は采女として文武天皇に仕えた紀伊国の海人の娘であった。この事実が露呈すると、これまでの皇位継承をめぐる強引な手法に甘んじて耐えてきた皇親たちの猛反発を買うことは必定である。そこで、不比等は一計を案じ、彼女を自らの長女に仕立てて自邸の片隅に幽閉した。東大寺の大仏を造営し、正倉院に数々の御物を遺すなど、平城京を象徴する天皇として君臨した聖武天皇の出生記事をたった一行で済ませている『続日本紀』の記述がこの事実を暗示している。

首皇子は、宮中において大切に育てられていたが、夫の草壁皇子と長男の文武天皇を、いずれも二十歳代で亡くしている元明天皇にとって、ひ弱な印象を否めない孫の首皇子は「草壁皇統」の継承者としていかにも頼りない存在であった。そこで、皇統の継承に不安を抱えていた元明天皇は、新たに二つの手を打つ。一つは、まず氷高内親王（元正天皇）に皇位を譲り、その後元正天皇と首皇太子との間に儀礼的な親子関係を創出して「不改常典」の親子間皇位継承の原則を踏襲させることであった。そして元明天皇が打ったもう一つの手が、後に「長屋王の変」を招くことになる「吉備内親王の子女をすべて皇孫扱いとする」という勅であった。身体的にも血統的にも脆弱な首皇子に対して、天武の皇子と天智の皇女を父母に持つ長屋王と自身の娘である吉備内親王との間に生まれた膳夫王以下の王子たちは、身体面でも血統面でも申し分のない「草壁皇統」の継承者としての資格を有していた。

聖武天皇の後継に不備が生じた場合の補完策として発せられた元明天皇の勅であったが、聖武天皇と安宿媛に男子が生まれなかった場合には、長屋王と吉備内親王の間に生まれた男子が、聖武に代わる「草壁皇統」の皇位継承者となり、聖武の血筋は断絶、さらに安宿媛の父藤原不比等が築いた政治権力は、天皇の父である長屋王のものとなり、二度と藤原氏の手には戻ってこない。すなわち、聖武、安宿媛そして藤原四兄弟はすべてを失うことになる。いつまでたっても男子が生まれない聖武天皇と安宿媛および藤原四兄弟は、しだいに焦りと恐怖を募らせていった。

聖武天皇と安宿媛の婚姻から十一年、二人の間に待望の男子が誕生した。聖武天皇は、この生後一カ月余りの赤子を皇太子に立て、皇統の後継者たることを宣言したが、期待の皇太子は翌年病死してしまう。

年が明けた神亀六（七二九）年二月、突然、六衛府の軍隊が左大臣長屋王の邸を包囲し、長屋王と吉備内親王および四人の王子を死に至らしめる。「長屋王の変」の勃発である。そして事件の半年後の天平元年八月十日、聖武天皇は夫人藤原安宿媛を皇后に立てる。

「長屋王の変」から九年後の天平十（七三八）年七月、『続日本紀』は、密告者中臣宮処連東人が長屋王の臣下であった大伴宿禰子虫に斬殺された記事を載せ、「長屋王の変」が虚偽の告発による「冤罪」であったことを公式に認める。

天皇とその側近による皇位継承の最有力候補者の抹殺、しかも、後にこれが陰謀による冤罪であったことを正史『続日本紀』が書き残すという、古代史上極めて特異な事件「長屋王の変」は、わが子の血筋「草壁皇統」の存続にかける持統天皇の執念に端を発し、元明天皇の「吉備内親王の子女をすべて皇孫扱いとする」という勅によって、皇位と政治権力を一気に失う危機感に襲われた聖武天皇と安宿媛および藤原四兄弟が、舎人親王らを巻き込んで引き起こした冤罪事件であった、というのが私の見解ですが、これほど性急かつ残忍な結果を招いた理由として、聖武の皇太子が死亡した年に夫人県犬養広刀自《あがたいぬかいのひととじ》が産んだ「安積《あさか》親王」の存在をあげる説があります。

安積親王の誕生に危機感を抱いた藤原武智麻呂たちは、安宿媛を皇后に立てて権威化をはかることを画策しますが、皇族ではない安宿媛の立后に長屋王が猛反対するのが目に見えていたため、先手を打って長屋王の抹殺を謀ったというのがこの説の骨子です。

藤原四兄弟が、安積親王の誕生に穏やかでなかったことは事実でしょう。しかし、『続日本紀』を見る限り、安積親王が皇位継承者として認識されていた形跡はまったく見られません。

事実、天平十（七三八）年正月に立太子したのは、二十一歳になる聖武天皇と皇后光明子の娘阿倍内親王でした。このとき安積親王は十一歳、先の聖武天皇の赤子に対する立太子宣言に鑑みても、聖武天皇にその気があれば安積親王を皇太子に立てることは充分可能であったはずです。また聖武天皇は安積親王の元服を待つこともせずに、女性である阿倍内親王を皇太子に立ててしまいます。

このことからも聖武天皇は、はなから安積親王に皇位を継承させるつもりはなかったと推測することができます。聖武天皇は、光明子との間の皇子にしか皇位を継がせるつもりはありませんでした。それほどまでに聖武天皇は光明子に取り込まれていたのでしょう。したがって、安積親王の誕生が、聖武天皇および藤原四兄弟に「長屋王の変」を引き起こさせるほどの重大な打撃を与えたとは考えられません。

また、安宿媛の立后が「長屋王の変」の直接的な原因となったとする解釈にも若干の疑問を禁じ得ません。律令や慣習を重んずる長屋王が、皇親以外の人物を皇后に立てることに反対するのは当然だと思われますし、立后が実現すれば、自分の王子たちの皇位継承権が脅かされるので長屋王は猛反対するはず、という説にも説得力を感じます。しかし、よく考えてみれば、安宿媛が皇后であろうがなかろうが、彼女に男子が生まれなければ、元明天皇の勅に従い、皇位は否応なしに「草壁皇統」のもう一方の継承者である吉備内親王の王子に引き継がれることになるのです。

後に誕生する後継なき女帝「孝謙天皇」は、手詰まりになった聖武天皇と皇后光明子の窮余の策に過ぎず、この時点では、あくまでも皇位は「草壁皇統」の男子が継承するものであり、それは聖武天皇と皇后光明子の間に生まれる皇子か、長屋王と吉備内親王の三人の王子以外にあり得ないのです。

このような視点に立つと、安宿媛の立后は、長屋王一家排除後の安積親王への牽制を目的として立てられた策であり、必ずしも「長屋王の変」の直接的な動機ではなかったのではないかと考えられるのです。

それよりも私が気になるのは、「長屋王の変」の時点でまだ二十九歳であった光明子が、その後一度も身籠もることがなかったということです。

彼女は皇太子の夭折後も、母親橘三千代の死などに見舞われるたびに大きく健康を害していきます。光明子は皇太子出産の負担が大きく、二度と出産できる健康状態になかったのかもしれません。光明子が皇子を産むことが難しくなったのであれば、このことが、あまりにも唐突に引き起こされた「長屋王の変」の原因となった可能性が極めて高くなると思われます。

橘三千代という女性

「長屋王の変」によって滅亡に追いやられた悲劇の宰相長屋王と吉備内親王および四人の王子たちは、阿修羅をはじめとする「興福寺八部衆」として生まれ変わり、千三百年近い時空を超えて今日私たちの前にその姿を伝えることになるのですが、本書の目的である「興福寺八部衆像の謎を解く」うえで欠かすことのできない一人の人物がいます。それは皇后光明子の母である「県犬養《あがたいぬかいの》 橘《たちばなの》 宿禰《すくね》三千代《みちよ》（橘三千代）」という女性です。

天武天皇の時代に宮中に上がり、持統、文武、元明の各天皇に仕え、生涯の忠誠を誓った元明太上天皇が病に臥すと出家入道し、元明亡き後は深く仏道に帰依してその菩提を弔うことに専心した橘三千代の功績について、正史『続日本紀』は「君につかえて命を致し、孝を移して忠となし、夙夜労を忘れ、累代（代々の天皇）に功をつくす」と最大級の賛辞を与えています。

一方、このような賛辞とは裏腹に、橘三千代を、歴代天皇や皇親たちに巧みに取り入り、夫美努王を捨てて時の権力者藤原不比等と再婚、生まれた娘の安宿媛を皇后にまで上りつめさせ、太政官の人事をも左右するほどの権力を手にした、権謀術数にまみれた人物とする評価もけっして少なくありません。

橘三千代は、文献に数多く登場する人物ではありませんが、彼女の生きた時代は、幾多の困難に見舞われながらも、国家の基盤となる天皇制や律令制および仏教信仰の形式が整えられていく重要な時代でありました。橘三千代は、天武天皇から聖武天皇に至る激動の時代を生き貫いたただ一人の人物なのです。

このような事情から、橘三千代の人物像について検討する際にも、皇位継承、権力闘争、血縁関係および仏教信仰など、この時代を象徴する様々な事象のどこに力点を置いて考察を進めるかによって、多様な橘三千代の人物像が浮かび上がり、場合によっては正反対の解釈が生ずることも充分に考えられるのです。

私は、この橘三千代こそ天皇家の内実のすべてを知る唯一の人物であり、橘三千代の人物像を正確にとらえることで、初めて歴史の裏側に隠された真実に出合うことができると考えています。

それでは「県犬養橘宿禰三千代」とはどのような人物であったのか、彼女の生涯とその時代背景を探ってみたいと思います。

橘三千代は、天智四（六六五）年、河内国古市郡に生まれたとされています。県犬養氏は、番犬を飼育・調教して屯倉を守護し、その管理運営を担う伴造氏族で、河内国一帯に広く分布する大氏族でした。三千代の父親は、従四位下の「県犬養宿禰東人《あがたいぬかいのすくねあずまひと》」という人物ですが、これ以外のことは記録にありません。

県犬養氏を代表する官人として、亡くなるときに文武天皇から正広参（従二位ないし正三位相当）の官位を贈られた「県犬養大侶《あがたいぬかいのおおとも》」という人物がいます。県犬養大侶は、大海人皇子（天武天皇）が近江朝廷の襲撃を避けて吉野から脱出した際、最初から近従として皇子に付き従った十数人の舎人の一人で、生涯を通じて天皇および皇后から厚い信頼を寄せられていた人物です。この県犬養大侶と県犬養東人は同族で年齢も近く、兄弟もしくは従兄弟のような関係だったと思われます。

おそらく県犬養大侶の推薦を受けたのでしょう。三千代は、天武八（六七九）年、氏女《うじめ》の制により十五歳で宮中に出仕します。氏女の制とは、氏族のなかから特別優秀で美しい娘を選抜し、後宮の各部署や王家に仕えさせるという制度なのですが、三千代は、河内の名門氏族県犬養氏を代表して宮中に送られるほどの卓越した知性と美貌の持ち主であったのでしょう。またこの時代は、宮中におけるすべての作法が「口伝《くでん》（くちづたえ）」によって受け継がれており、このことからも何十年もの長きにわたり王宮の中心に仕え続けた三千代が、どれほど優秀な人物であったかを窺い知ることができます。

宮中に上った三千代が配属されたのは阿閇皇女（後の元明天皇）の宮であったとする説が唱えられていますが、私もそのように思っています。このとき、阿閇皇女は三千代より四歳年上の十九歳、天皇の最有力候補者である草壁皇子の妃でした。このとき以来、阿閇皇女と三千代の間には、生涯を通じて変わることのない深い信頼と忠節の関係が保たれることとなります。

三千代が出仕した翌年の天武九（六八〇）年、阿閇皇女は第一子氷高内親王（後の元正天皇）を出産します。さらに阿閇は、三年後の天武十二（六八三）年に軽皇子（後の文武天皇）を、その数年後には後に長屋王の妻となる吉備内親王を出産します。

三千代は軽皇子の乳母であったという説があります。たしかに阿閇皇女の子供たちが幼いころ、三千代は十代後半から二十代前半の人生で最も美しく溌剌とした年代にありました。阿閇皇女の子供たちにとって三千代は、ときには年の離れた姉のように、ときには母に代わって身近に寄り添ってくれる最も信頼できる存在であったことは想像に難くありません。

三千代は阿閇皇女の宮に仕え、軽皇子たちの養育に携わりながら「美努王《みぬ》」という人物と結婚します。美努王は、壬申の乱の際に近江朝廷側への出仕を敢然と拒否した筑紫大宰「栗隈《くりくま》王」の男子で、父の命を狙う近江朝廷の使者に敢然と立ち向かった武勇伝を持つ青年王族です。

天武王朝への貢献者である美努王と三千代の結婚を取り持ったのは、おそらく鸕野皇后（持統天皇）であったと思います。

美努王の妻となった三千代は、天武十三（六八四）年に長男の「葛城王《かつらぎ》」を産みます。この葛城王は、後に臣籍降下して「橘諸兄」と名乗り、藤原氏と権力を争う人物となります。また軽皇子は葛城王より一歳年上で、ともに三千代に養育されていた二人は、幼少期からお互いをよく知る間柄であったと思われます。さらに同じ時期、藤原不比等にも天武九（六八〇）年に長男武智麻呂、十（六八一）年には次男房前が誕生しています。

天武十五（六八六）年九月に天武天皇が崩御すると、大津皇子が抹殺され、持統天皇による「称制（即位せずに政務を執ること）」が開始されます。ところが、頼みの綱である草壁皇子が即位を待たずに没してしまい、朝廷は一気に混乱に陥ります。このとき事態の収拾に奔走したのが、天武天皇の長男高市皇子と新進気鋭の判事藤原不比等でした。

草壁皇太子の崩御時、長女氷高は十歳、長男軽は七歳に過ぎず、さらに年下の吉備を含めた三人の幼子を抱えた阿閇皇女は、絶望と不安に押しつぶされそうな日々を過ごしていたことでしょう。おそらく三千代は、このような辛く苦しい状況にある阿閇皇女と三人の子供たちの側を片時も離れず、彼らに献身し続けたのだと思われます。

草壁の早逝を受けて正式に即位した持統天皇は、持統八（六九四）年に都を藤原の地に遷し、孫の軽皇子の即位に向けた体制を整えます。この頃三千代は次男佐為《さい》王や長女牟漏《むろ》女王を出産し、阿閇皇女の宮に仕えながら自らの子育ても行うという、極めて多忙な日々を送っていたことでしょう。

しかし、持統十（六九六）年七月、今度は「後皇子尊」と呼ばれ、政権の中心を担っていた太政大臣高市皇子が四十三歳の若さで急死してしまいます。持統王朝の要石ともいうべき高市皇子が亡くなったことにより、朝廷は再び混乱に見舞われます。

禁中（宮中）における「日嗣会議《ひつぎかいぎ》」を何とか乗り切り、軽皇子への皇位継承を決めた持統天皇は、体制固めのために実に大胆な手を打ちます。それは、高市皇子に代わって事実上の首班となった藤原不比等と、宮中において最大の信頼を集める女官県犬養三千代を結婚させ、官人による軽皇子（文武天皇）の支援体制の盤石化を図ることでした。

この藤原不比等と県犬養三千代の婚姻については、藤原不比等の権力や政治手腕に魅力を感じた三千代が、夫美努王を捨てて不比等にすり寄ったとする説や、反対に不比等が、持統天皇および阿閇皇女の絶対的な信頼を得ている三千代に近づき、妻にすることで地位や権力の強化を狙ったとする説などが出されています。いずれも天皇位をめぐる混乱と謀略にまみれた時代背景を彷彿とさせる解釈だとは思いますが、このような発想の背景には、政治に疎い雲上人である天皇が、権力を握ろうと暗闘する貴族たちに操られていたに違いない、といった先入観が感じられます。

たしかに歴史上には優柔不断な天皇も登場しますが、一方で果断に決断し実行する天皇も少なくないのです。とくに持統天皇は典型的な後者のタイプであり、三千代と不比等の婚姻には彼らの思惑ではなく、わが子の血筋「草壁皇統」の存続のためには手段を択《えら》ばない持統天皇の強力な働きかけがあったに違いないと私は思っています。

自ら決断し実行する持統天皇の強い意志が、藤原不比等と犬養三千代の婚姻を主導したに違いないと考えたついでに、「長屋王の変」における聖武天皇の行動についても検討しておきたいと思います。

「長屋王の変」は、優柔不断な性格である聖武天皇が、藤原武智麻呂たちの讒言に踊らされ、はからずも長屋王一家を滅亡させてしまった事件であるという解釈が広くなされているようですが、そうではありません。

長屋王謀反の情報を得た聖武天皇は、躊躇することなく天皇の軍隊を動員し、自らの意志をもって長屋王一家を断罪しています（ただし、この事件は聖武天皇の思惑とはまったく異なる結末を招き、その後ずっと彼を苦しめることになるのですが、これについては後ほど申し述べたいと思います）。

もし、聖武天皇が、自我の弱い臣下に操られやすい人物であったとするならば、後に彼が突然平城京を脱出し、五年もの間新都を求めて彷徨した際にも、また税負担に疲れ切った人民たちをさらに酷使し、路頭に迷わせながら巨大仏像の造営に邁進したときにも、藤原氏や橘氏をはじめとする側近の誰一人として聖武天皇を諫め、しばし止まらせることができなかった事実をどのように説明できるのでしょうか。

このことについて、藤原氏の意のままに操られることに嫌気がさした聖武天皇が、後に変心して自ら決断し行動するようになったのだ、とする説がありますが、このような辻褄合わせの解釈には同調できません。

文武元（六九七）年、持統天皇の譲位を受けて文武天皇が即位します。弱冠十五歳の少年天皇の誕生です。このとき文武天皇は藤原宮子を夫人に、紀氏と石川氏の娘を嬪にしたと『続日本紀』は記していますが、先に述べたとおり、私は宮子に関する記事は信用していません。

文武天皇の即位から四年後の大宝元（七〇一）年、文武天皇と藤原宮子との間に、後に聖武天皇となる首皇子が誕生します。くしくも同じ年に三千代は藤原不比等との間に、後に聖武の皇后となる安宿媛を産みます。

そして、三千代は、出産以来憂鬱な気分に陥って常人らしい行動をとれず、一度も我が子に会うことを許されなかった藤原宮子とされた女性に代わって、今度は首皇子の乳母を務めることになったのです。阿閇皇女の子供たちの養育に深くかかわった三千代に、ふたたび首皇子の養育が託されたことについては、文武天皇およびその母阿閇皇女が三千代に寄せている信頼の大きさから判断して、間違いないと思われます。

首皇子と安宿媛は、生まれた時から三千代の手で養育されます。文武天皇の唯一の皇位継承者として後生大事に育てられながら、産みの母に一目会うこともかなわない孤独な生活を強いられた首皇子にとって、事実上の母ともいうべき三千代と、物心がついた時から身近にいて、きょうだいのように成長してきた安宿媛は、生涯を通じて誰よりも信頼できる存在であったに違いありません。

また、三千代は、安宿媛と暮らす不比等の邸から東宮に出向いて首皇子の養育に従事する一方で、不比等邸の片隅に幽閉された皇子の母親の面倒も見ていたのではないかと思われます。

このような経験を通して、もともと熱心な仏教の信者であった三千代の信仰心はより深まりを増していき、娘の光明子やその夫聖武天皇の仏教信仰にも多大な影響を与えるに至ったと考えられます。


藤原不比等の主導による平城遷都の計画が軌道に乗り始めた矢先の慶雲四（七〇七）年六月、もともと病弱であった文武天皇が二十五歳という若さで崩御してしまいます。このとき四十七歳になっていた阿閇皇女は元明天皇として即位し、不比等の創作である「不改常典」を盾にして「草壁皇統」の存続に専心することになります。

一方の三千代は、氷高内親王（後の元正天皇）、軽皇子（後の文武天皇）および吉備内親王を育て上げ、さらに首皇子（後の聖武天皇）と安宿媛（後の皇后光明子）を養育するという、まさに「皇室の母」ともいうべき存在となっていきます。

和銅元（七〇八）年、三千代は元明天皇から「橘」の姓を下賜されます。元明は、橘がどのような環境下でも美しい緑を保つように、三千代の変わらない忠誠を期待してこの姓を与えたとされています。以後、三千代は「県犬養橘宿禰三千代」と名乗り、政治を領導する夫藤原不比等とともに、天皇に仕える女官の筆頭として揺るぎない信頼を獲得していくことになります。また「三千代」という名前についても、もとの「道代」をこの機会に改名したとする説があります。

ちなみに、三千代の前夫である美努王ですが、三千代と離別した後も特段の変化はなく、従四位下治部卿という高級官人の地位を得た後、和銅元（七〇八）年五月に亡くなっています。概ね無難な生涯であったというところでしょうか。

和銅三（七一〇）年三月、わずか十六年でその役割を終えた藤原京を離れ、都は首皇子のために造営された新都「平城京」へと遷されます。そして、聖武天皇に先行する元明天皇および元正天皇の時代には、先にご紹介した藤原不比等の主導による様々な大事業が敢行され、律令国家としての基盤が形成されていくのです。

また、霊亀二（七一六）年には、安宿媛が首皇子の妃に迎えられ、天皇家と藤原氏による新体制構築の準備が着々と進められていくことになります。この時期の橘三千代は、ようやく落ち着きを見せ始めた奈良の都において、四十代後半から五十代前半という人生の円熟期を夫藤原不比等とともに忙しく過ごしていたことでしょう。

養老四（七二〇）年八月、日本古代史上最大の政治家藤原不比等が六十二歳で没します。不比等は、律令の編纂、宮都の造営および貨幣の鋳造など、今日につながる我が国の国家基盤を築いた天才的な人物でした。

奈良興福寺にある「北円堂」は、元明太上天皇と元正天皇が藤原不比等を供養するために、長屋王に命じて造らせたものです。一貴族の氏寺に天皇家が供養堂を建てるという異例の事実からも、藤原不比等という人物の偉大さを窺い知ることができます。

夫を失った後も三千代は変わらず内命婦《ないみょうぶ》（五位以上の女官）として宮廷に仕え続けます。ところが、不比等の死から一年もたたない養老五（七二一）年五月、病を得ていた元明太上天皇が、食事もままならないほどの状態に陥ってしまいます。

元明太上天皇が病臥したことを知った三千代は、すかさず正三位という女性官人の最高位を捨てて仏門に入り、ひたすら元明の病気回復を祈願します。しかし、三千代の懸命の願いも空しく、元明太上天皇は同年十二月七日、平城宮の中安殿で崩じてしまいます。天智天皇の娘として、天武天皇の皇太子草壁皇子の妻として、さらには義理の母でもある持統天皇の妹として、天智天皇と天武天皇の正統な後継である「草壁皇統」の存続にすべてを捧げた六十一年の生涯でした。

元明太上天皇崩御後の橘三千代の行状について、夫不比等の威光を笠に着て朝廷の人事を左右するなど、思いのままに権勢を振るったとする説や、娘安宿媛を聖武の皇后に据えるために「長屋王の変」を陰から操ったとする説なども出されていますが、いずれも朝廷における橘三千代の存在の大きさから導き出された憶測の域を出ず、三千代の政治的な暗躍を裏付ける具体的な証拠は見つかっていません。

繰り返しますが、この時代を解き明かす際に「貴族たちによる天皇を巻き込んだ権力争いの時代」という固定観念に縛られ、もう一方の「国家的レベルでの仏教信仰の基盤が形成された時期」という重要な側面を軽視してしまうと、橘三千代という人物の評価についても、政治的策略を駆使して朝政を操ったに違いない、という安易な先入観にとらわれたものになってしまう危険性があります。

たしかに橘三千代は藤原不比等亡き後の家政機関の運営を取り仕切る立場にあり、公私ともに多忙な日々を送っていたことは間違いないでしょう。しかし、一方で法隆寺への長期間におよぶ多大な寄進にも見られるように、元明太上天皇崩御後の三千代の生活には、仏教への信仰心が極めて強く反映されています。

出家入道後の橘三千代は、政治的な地位を捨てて深く仏に帰依し、生涯の忠誠を誓った元明天皇と夫藤原不比等の菩提を弔いながら、不比等邸の片隅に幽閉されている聖武天皇の母親の世話に献身する日々を送っていたと思われます。そして、このような橘三千代の姿は朝廷の人々の崇敬を集め、いっそう三千代の人望を高めていったのではないかと私は考えています。

このような私の推理の傍証となる和歌が『万葉集』に載っています。それは、神亀四（七二七）年十一月、聖武天皇が、皇太子に会うために安宿媛が滞在する藤原不比等邸を訪れた際に、三千代が聖武に奉った「天雲をほろに踏みあだし鳴る神も今日にまさりて畏けめやも（巻一九―四二三五番歌）」という天皇を畏敬する歌なのですが、この歌の詠み手である三千代の呼び名が「太政大臣藤原の家の県犬養命婦」となっているのです。

出家以前の三千代は「内命婦正三位県犬養橘宿禰」の称号で呼ばれていました。しかし、出家後の三千代は、官位ではなく、たんに「太政大臣藤原の家に住む県犬養氏の婦人」と呼ばれていたことになります。

この呼び名は、三千代と同じ時期に元正太上天皇に仕えた「石川邑婆《いしかわのおおば》」という女官が、太上天皇に和歌を奉じた際に使われた「内命婦石川朝臣」という官位を明示する呼び名とは際立った対照をなしています。つまり、橘三千代は、少なくとも神亀四（七二七）年の時点では官位を離れていたと判断できるのです。

高齢でありながら現役の女官として元正の宮に仕えていた石川邑婆の「内命婦」および「朝臣（公的な姓）」という称号に対して、三千代の名称には、元明天皇から賜わったはずの「内命婦正三位」の称号も「橘宿禰」の称号も用いられていません。

この三千代の官位も職位も尊称すらも捨てた呼び名に、私は、仏道に帰依し、元明天皇と夫藤原不比等の供養に専心するという三千代の強い信念を感じています。

橘三千代という人物をどのように評価するかによって「長屋王の変」から興福寺八部衆の造像、ひいては平城京の滅亡に至る歴史の解釈は大きく変わってくることになります。

橘三千代を野心家とか策謀家といった画一的な枠組みにはめ込んでとらえてしまうと、阿修羅たち八部衆のあのような姿の謎を解くことはできないと思います。橘三千代の人物像と彼女の仏教信仰の深さをしっかりと把握し、推理を進めることで、はじめて興福寺八部衆の謎は解明されるのです。

元正天皇から聖武天皇への譲位が無事に済み、左大臣長屋王を首班とする新たな政治体制が軌道に乗り始めた神亀六（七二九）年二月十日、突然あの「長屋王の変」が勃発します。

この事件によって大恩人元明天皇の娘吉備内親王が命を落としたこと、そして吉備内親王を死に追いやった人物のなかに実の娘安宿媛（光明子）が名を連ねていたことは、三千代にとってまさしく痛恨の極みであり、生涯の屈辱でありました。

そして「長屋王の変」以来、自身と娘の罪を深く悔いる「懺悔」の日々を過ごしていた橘三千代は、自らの死に臨んで娘の光明子に極めて重大で辛辣な遺言を残すことになるのです。

三千代の光明子に対する遺言とは「長屋王一家を終生供養し、懺悔と鎮魂に身を捧げること」を命ずるものでした。

橘三千代の仏教信仰と娘たちへの影響

橘三千代が生まれ育ったとされる河内国古市郡とその周辺は、大倭国飛鳥と並ぶ古代仏教信仰の先進的な地域でした。

白雉四（六五三）年、遣唐使に従って唐に渡り、有名な「玄奘三蔵」に師事してその能力を高く評価され、帰国時には『阿弥陀経典』を持ち帰って阿弥陀信仰の普及に尽力、没時には日本で最初の火葬に処された名僧「道昭《どうしょう》」は古市郡に隣接する丹比《たじひ》郡の出身です。

橘三千代の死後、法隆寺に寄進された「伝橘夫人厨子《でんたちばなぶにんずし》・念持仏《ねんじぶつ》」の見事な「金銅阿弥陀三《こんどうあみださん》尊像《ぞんぞう》」の姿からも、三千代は道昭の唱えた阿弥陀仏を深く信仰していたことがわかります。さらに、三千代の出身地である河内国古市郡の南隣の石川郡には、日本仏教の祖「聖徳太子」の墓とされる「磯長陵《しながりょう》」があり、三千代が、幼少から聖徳太子への尊崇と敬慕の念を抱いていたことも容易に想像することができます。

このような三千代の深い仏教信仰の姿勢は、彼女が朝廷に出仕するにあたって、天武天皇や皇后鸕野（持統天皇）の信頼を得る大きな要因となったことは間違いないと思われます。持統天皇が、自らの死に臨んで道昭に倣い火葬を望んでいることからも、仏教を通じた持統天皇と三千代の強い信頼関係の存在を感じ取ることができます。

飛鳥から白鳳を経て奈良に至る時代は、皇位や権力をめぐる血なまぐさい闘争が繰り返された時代でした。しかし、同時にこの時代は仏教信仰が国家の中枢に深く浸透していった時代でもありました。

聖徳太子に淵源《えんげん》をなすわが国の仏教信仰は、やがて天皇家のあつい信仰を集めるようになります。天武天皇が鸕野皇后の病気平癒を願って寺院の建立を試み、その後天武の遺志を引き継いだ持統天皇が藤原京の地に薬師寺（本薬師寺《もとやくしじ》）を完成させるなど、国を挙げた寺院の建造が盛んになっていくのです。

さらに平城遷都後は、仏教を中心に据えた国家建設の機運が一段と高まりを見せ、奈良の都には「南都七大寺」をはじめとする五十にも迫ろうかという膨大な数の寺院が建造されたのでした。創建からその終焉まで造寺の槌音が絶えることがなかった平城京の威容は、まさに「仏都」そのものでありました。このような時代背景のもとで、深く心に刻み込まれた橘三千代の仏教信仰の姿勢は、たくさんの人々に影響を与えたと考えることができます。

「長屋王の変」の原因として、長屋王の儒教への傾倒や『日本霊異記《にほんりょういき》』に書かれた長屋王の僧侶蔑視の態度をあげる意見があります。『日本霊異記』の信憑性の問題はさておき、これらの意見からは、いかにも長屋王が仏教を軽視していたかのような印象を受けます。

しかし、淡海三船の記した『唐大和上東征伝』には、聖武天皇らに授戒した律宗の祖「鑑真和上」は、長屋王が唐の僧侶たちに寄進した千の袈裟に刺繍された文字に仏教興隆を志す王の強い決意を感じ、自ら日本への渡海を決めたことが明記されており、長屋王が仏教を軽んじていたとする主張とは矛盾しています。

また、長屋王邸の跡地からは、日常的に礼拝する仏像を安置した「持仏堂」の痕跡が発見されており、これらの史料に鑑みても、長屋王が熱心な仏教信者であったことは疑いようがありません。

さらに長屋王の妻である吉備内親王も、祖母持統天皇や養育係であった橘三千代の影響を受け、深い仏教信仰の持ち主であったと考えることができます。なお、現在の堂は鎌倉時代の再建ですが、国宝の「聖観世音菩薩像《しょうかんぜおんぼさつぞう》」を安置する奈良薬師寺の「東院堂」は、吉備内親王が母の元明天皇の菩提を弔うために建立したものです。

橘三千代は仏教信仰の先進的地域に誕生し、幼少期から仏教の教えを人生の指針として生活していました。このような三千代の揺るがぬ仏教信仰は、当然のことながら、娘の安宿媛（光明子）にも大きな影響を与えていたはずです。安宿媛もまた母に倣い、幼いころから仏教の教えに親しんでいたにに違いありません。

興福寺五重塔の建立や皇后宮職への施薬院《せやくいん》の設置など、「長屋王の変」以後の皇后光明子は、急速に仏教および慈善活動への傾斜を強めていきます。そして天平六（七三四）年、光明子は母橘三千代の追善のため、藤原氏の氏寺である興福寺に西金堂《さいこんどう》を建立し、さらに兄たちが疫病で全滅した天平九（七三七）年には、三千代の信仰のあつかった法隆寺に『法華経』の写本を寄進しています。

また「夢殿」で知られる法隆寺東院の造営についても、表向きは僧「行信《ぎょうしん》」の要請を受けた光明子の娘「阿倍内親王」が、藤原房前の援助を受けて建てた（法隆寺東院の造営以前に房前は死没）とされていますが、実質的には光明子の尽力によって建立されたようです。

光明子ばかりでなく、彼女の異父姉妹で、生涯を通じて三千代や光明子と深い絆で結ばれていた藤原房前の妻「牟漏《むろ》女王」、さらには三千代の孫にあたる「橘古那可智《たちばなのこなかち》」も法隆寺に多大な寄進をしており、これらの事実からも、橘三千代の仏教信仰が娘や孫たちにも大きな影響を与えていたことがわかります。

ちなみに、聖徳太子が深く信仰し、解釈書『法華義疏《ほっけぎしょ》』を著したことで知られる『法華経』は、この時代の皇族や貴族の女性たちの信仰を集めたことで知られていますが、その理由は『法華経』の「提婆達多品《だいばだったほん》」に説かれている「女人成仏《にょにんじょうぶつ》」の教えにあります。

この「提婆達多品」には、仏教では本来成仏できないとされる女性が『法華経』を深く信じて修行した結果、男性に変身して菩薩となった「変成男子《へんじょうなんし》」という教えが説かれているのです。したがって、多くの女性たちが『法華経』の導きにより、男性に変身して悟りを開くことを願ったとしても無理からぬことだと思われます。

私は、興福寺の阿修羅像は、この「変成男子」の教えに基づいて男性の姿に作られたと考えています。つまり「阿修羅は男性に姿を変えた女性である」ということです。これが阿修羅の顔が凛々しい少年のように見える理由です。

阿修羅をこのような姿に作らせた人物は、後に聖武天皇が国分寺「東大寺（金光明四天王護国之寺）」を建立し『金光明最勝王経《こんこうみょうさいしょうおうきょう》』を護国経典としたことに併行して、父藤原不比等から受け継いだ邸宅に国分尼寺「法華寺（法華滅罪之寺）」を建立し、『法華経』の普及に努めた「仏弟子光明子」こと藤原光明子に違いありません。

興福寺の阿修羅のモデルが女性であったという考えに関連して、阿修羅の復元模造を成し遂げられた松永忠興氏が、『天平の阿修羅再び』（関橋眞理編著）という本のなかで極めて興味深い言葉を残しておられます。

松永氏は、五十年近い年月を多数の国宝仏などの修理や模造に捧げられ、ご自身も僧籍を持つこの道の第一人者です。この松永氏を中心に据えた専門家のチームにより、一九八一年から五年をかけて天平の阿修羅を再現した「阿修羅立像」が造られました。

完成した「阿修羅立像」は、全身に鮮やかな朱をまとった凛々しい少年の姿に作られています。そして阿修羅の異なる三つの顔は、複雑な少年の内面を表現しているようにも見えます。

ところが、この美しい少年の像を作られた松永氏自身が、阿修羅像の復元に取り組んでおられる最中、奈良に向かう電車のなかで阿修羅とそっくりの「女性」に出会ったことをお話しされているのです。

松永氏は、その女性を「すーっと腰高で、お顔の相が（阿修羅像）本面のお顔とまったく同じだった」と表現され、モデルの存在を強く感じたそうです。阿修羅を少年の顔に仕上げられた松永氏ご自身が、なぜか偶然出会った「女性」に阿修羅のモデルの存在を直感しておられるのです。

私なりに、できるだけ多くの著作や研究書に触れ、興福寺八部衆の由来を探る試みに挑戦しているのですが、阿修羅という仏像の真相を探求する過程でいつも驚嘆させられるのが、小説家や芸術家あるいは哲学者や宗教者といった、本来の歴史研究とは異なった分野で業績を残されている人々の並外れた感性の鋭敏さです。

亀井勝一郎や司馬遼太郎といった先人たちが興福寺の阿修羅に抱いた印象の鋭さについては先にご紹介させていただきましたが、私の勝手な解釈と語彙力の不足をお許しいただければ、興福寺の阿修羅に女性モデルの存在を直感された松永忠興氏の感性の凄さにもこれと同様の驚きを禁じ得ないのです。松永氏の目もまた、興福寺の阿修羅の本質を見抜いていると私は確信しています。

さらに松永氏が手掛けた仕事に、和歌山県日高郡の「道成寺」で発見された「千手観音立像」の復元があります。私が道成寺を、文武天皇が首皇子の母親のために建立した寺であると考えていることについては、すでに申し述べたとおりです。

この観音像は、昭和六十二年の調査の際に、本尊である国宝「木造千手観音立像」と背中合わせに置かれていた「北向き観音」と呼ばれる秘仏の胎内から、胴体も手足もバラバラの状態で見つかったもので、組み立てると二メートル三十四センチにもおよぶ奈良時代の千手観音立像であることが判明しました。さらに、この観音像は顔を含めた胴体前半部のほとんどを失っていたのでした。

道成寺創建時の本尊と推測される木心《もくしん》乾漆《かんしつ》造りの千手観音立像は、結果的に飛鳥から白鳳の時代を象徴する落ち着いた風貌に復元されたのですが、顔立ちに関する手掛かりがない以上、このようなお顔に復元するのは当然だと思います。

ところが、この像の復元を担当した松永氏は「本当はこの残された手の感じからすると、特異な顔だと思った」と、極めて意味深長な言葉を残されています。

私は、松永氏の鋭敏な感性が、他の仏像には見られないこの像独特の「特異」さ、すなわち「道成寺の建立と千手観音の造像の真相」を感じ取っていたのではないかと思っています。

文武天皇が、二度と故郷の土を踏むことができない首皇子の母親のために建てた道成寺の本尊の観音像は、いったいどのような姿をし、どのようなお顔をしていたのでしょうか。普通の仏像とは異なる「険しく恐ろしい顔」でしょうか、それとも阿修羅と同じく柔和で人間的な「美しい女性の顔」だったのでしょうか。いずれにしても、道成寺創建時の千手観音立像が、何らかのメッセージを伝えていたことは間違いないと思われます。

橘三千代の仏教信仰と娘たちへの影響

この時代、仏教を政治的な道具として利用した貴族や政治家は少なくないでしょう。しかし、橘三千代の仏教信仰は、そのような利己心に基づく付け焼刃の信心ではなく、幼少期からの生育環境に根差したずっと奥深い信仰であったことは疑いようがありません。

私は、橘三千代の仏教に対する信仰心が、彼女の政治的野心をはるかに上回る強さと純粋さを持っていたことをしっかりと認識することによって、阿修羅の真実の姿に出会うことができると確信しています。

誠実かつ熱心な仏教信者という視点に立って橘三千代の人物像を探っていくと、元明太上天皇没後の橘三千代は、政治的野心や自己保身のためではなく、元明天皇の供養をはじめとする仏教の信仰に人生を捧げていたと判断することができます。そして、このような三千代の深い信仰心は、娘たちにも大きな影響を与えていたに違いありません。

反対に、橘三千代を藤原四兄弟のような人々と同類の野心と陰謀にまみれた人物と決めつけてしまうと、奈良時代の歴史における仏教という存在の大きさも、そして何より阿修羅と興福寺八部衆の謎を解くことは永遠に不可能となってしまいます。陰謀と策略の渦巻く混迷の時代にあっても、常に忠誠と信仰を忘れることなく毅然と生きた橘三千代という一人の女性がいたことを私は信じたいと思います。

三つの疑問と「長屋王の変」の真相

阿修羅をはじめとする興福寺八部衆造像のきっかけとなった「長屋王の変」の真相を究明していく過程で、私の頭の中には三つの大きな疑問が浮かんできたのでした。

一つめの疑問は「橘三千代はなぜ義理の息子たちや実の娘の暴挙を止められなかったのか」ということ、二つめは「元正太上天皇はなぜ最愛の妹である吉備内親王の死を見過ごしてしまったのか」ということ、そして三つめの疑問が最も頭を悩ませた問題だったのですが、それは「明らかに無実であるはずの吉備内親王はなぜ死んでしまったのか」ということでした。

吉備の死については「吉備内親王も有力な皇位継承権者であったため、当初から長屋王や王子たちとともに殺害する計画であった」とする見解も示されているのですが、このような単純な括り方では、事件後の聖武天皇の一貫性を欠く奇異な言動や、皇后光明子の脅迫的とも思える仏堂の建造および慈善活動への邁進の説明がつかないと思います。

長屋王邸の跡地を皇后宮にするなど権威的に振る舞いながらも、一方で聖武と光明子は何かに怯えているように見えます。彼らの急速な仏教信仰への傾斜も、まるで仏の法力《ほうりき》にすがって罪を逃れようとしているかのようです。私は、聖武と光明子の恐怖の背景には想定外の「吉備内親王の死」があったと考えています。
それでは、これらの疑問を解き明かしながら、興福寺八部衆誕生の謎に迫っていきたいと思います。

まず橘三千代ですが、すでに官位を退き仏に仕える身となっていた彼女は「長屋王の変」の経緯を知る立場にはなかったと思われます。

橘三千代が事前にこの計略を察知していたならば、間違いなく彼女は暴挙を押し止め、己の命に代えても大恩人元明天皇の娘である吉備内親王を守ろうとしたはずです。また聖武天皇や光明子（安宿媛）および藤原四兄弟たちは、乳母であり母である三千代の清廉で厳格な人柄をよく知っており、長屋王一家、なかでも吉備内親王を死に追いやる行為が、どれほどの大きさの怒りとなってわが身に跳ね返ってくるのかということを十分に承知していたはずです。

したがって、「長屋王の変」は、橘三千代のあずかり知らぬところで極秘裏に計画され実行されたものだと考えられます。吉備内親王の死によって受けた三千代の衝撃の大きさには計り知れないものがあったことでしょう。

次に元正太上天皇ですが、彼女は聖武天皇の儀礼上の母であり後ろ盾でもあります。聖武天皇は元正太上天皇を頼りに朝政を執っており、聖武の元正を崇敬する言動も目立っています。また天平八（七三六）年に元正太上天皇が病に臥せた際には、聖武天皇は詔を出して百人を得度させ、大安寺、薬師寺、元興寺および興福寺の僧たちに病気平癒の行を命じています。このことからも聖武天皇にとって、天皇の位を授けてくれた元正太上天皇は極めて大きな存在であったことがわかります。

ゆえに聖武天皇が、妹の吉備内親王の身を危険にさらす計画を姉の元正太上天皇に具申できたはずがありません。また仮に事後報告であったにしても、当時の太上天皇の地位と権力の大きさから想定して、天皇である聖武は難を逃れたにしても、意図的に吉備内親王を死に追いやった藤原四兄弟たちが、元正太上天皇から何の咎めも受けずに過ごすことができたとは到底考えられません。

では、聖武天皇は、藤原四兄弟や光明子に操られるままに、元正太上天皇の存在をないがしろにして「長屋王の変」を引き起こしたのでしょうか。それはあり得ないことです。それでは、元正太上天皇はどのように「長屋王の変」にかかわっていたというのでしょうか。

元正太上天皇は、事件当時すでに官位を離れていた橘三千代とは明らかに立場を異にしています。さらに聖武天皇と同じ宮中に居を構えていたはずの元正太上天皇が、この事件について何も知らなかったとは思えません。

長屋王一家の災難を察知していたならば、妹の吉備内親王だけは絶対に救い出したに違いない元正太上天皇は、なぜこの悲惨な事件を傍観することになってしまったのでしょうか。

この疑問に対する答えはただ一つ、それは「元正太上天皇は吉備内親王が亡くなるとは微塵も思っていなかった」ということです。

つまり、元正太上天皇は、事件後の長屋王一家の処遇について「吉備内親王には罪がないので速やかに解放される」という報告を受けていたため、吉備内親王の身の安全を確信していたということなのです。これ以外に元正太上天皇が妹の死を見過ごしてしまった理由は考えられません。

そして、この事件の核心は、橘三千代や元正太上天皇ばかりでなく、聖武天皇や光明子および藤原四兄弟など「長屋王の変」を仕掛けた側の人々もまた誰一人として長屋王一家、とくに吉備内親王の死を爪の先ほども想定していなかったということなのです。

長屋王を罪に陥れた張本人たちですら吉備内親王の死をまったく予想できなかったという前提に立つと、元正太上天皇の「傍観」や事件後の聖武天皇の「うろたえぶり」の説明がつくのです。果たしてこの推論は成立するのか、このことについて、三つめの疑問すなわち「無事が約束されていたはずの吉備内親王はなぜ死んでしまったのか」ということの解明を通じて考えてみたいと思います。

吉備内親王の死があらかじめ仕組まれたものではなかったとすれば、なぜ長屋王や王子たちとともに吉備内親王は亡くなってしまったのでしょうか。そもそも「長屋王の変」は、どのような結末を想定して仕掛けられたものであったのでしょうか。これらについて考察していくと、極めて興味深い事件の存在に気がつきます。それは「長屋王の変」から遡ること七年、養老六（七二二）年正月に起こった「謎の謀反誣告および天皇非難事件」ともいうべき出来事です。この事件について『続日本紀』は次のように記しています。

「正月二十日　正四位上の多治比真人三宅麻呂《たじひのまひとみやけまろ》は、謀反の誣告をした罪により、また正五位上の穂積朝臣老《ほづみのあそんおゆ》は、天皇を名指しで非難した罪により、それぞれ斬刑に処せられることになった。しかし皇太子の助言により、死一等を減じて、三宅麻呂は伊豆の島に、老は佐渡の島に流された。」

（ルビは引用者による）

記事の内容は、ありもしない謀反を誣告した人物と天皇を名指しで非難した人物の死刑が決まったが、二人は皇太子（首皇子）の助言によって命を助けられ、遠隔地への配流という温情を賜わったというもので、具体的な誣告や非難の内容についてはまったく触れられていません。この事件の真相については、判断材料が極めて乏しく、解明が難しいのですが、事件の前年に元明太上天皇が崩御していることから、首皇子への譲位の是非をめぐるトラブルではなかったかと思われます。

天皇を非難した穂積朝臣老は、元正天皇に首皇子への速やかな譲位を迫ったのか、あるいは反対に夫人の子に過ぎない首皇子への譲位に敢然と異議を唱えたのか、真実は不明です。

しかし、私が注目しているのは、事件の結末、すなわち皇太子が天皇に助言して二人の重犯罪者の命を救ったという部分です。この記事を素直に読むと「二人の臣下を死罪から救った情け深い皇太子」という人物像が浮かんできます。つまり、情に厚く天皇への勇気ある進言をも厭わない首皇子こそが最も天皇にふさわしい人物である、という強い印象を与える記事になっているのです。少なくとも、この記事が後の首皇子の即位を後押ししていることは間違いないでしょう。

私は、この重罪人の命を皇太子が救ったという記事に、後の「長屋王の変」につながる巧妙に仕組まれた「筋書き」を読み取っています。端的に言うと「長屋王の変」において聖武天皇および藤原四兄弟たちはこの事件の再現、つまり「二番煎じ」を目論んでいたのではないかということです。

それでは、『続日本紀』の「長屋王の変」の記事を、私の推理する藤原四兄弟たちの「筋書き」を組み込んだ形に書き換えて読んでみたいと思います。

「二月十日　左京の住人である従七位下の塗部造君足と、無位の中臣宮処連東人らが、左大臣・正二位の長屋王は秘かに左道（妖術）を学び国家（天皇）を倒そうとしていますと密告した。天皇はその夜、使いを遣わして三関（鈴鹿、不破、愛発）を固く守らせた。またこのために式部卿・従三位の藤原朝臣宇合、衛門佐の従五位下の佐味朝臣虫麻呂、左衛士佐の外従五位下の津嶋朝臣家道、右衛士佐の外従五位下の紀朝臣佐比物らを遣わして、六衛府の兵士を引率して長屋王の邸を包囲させた。

二月十一日　大宰大弐・正四位上の多治比真人県守、左大弁・正四位上の石川朝臣石足、弾正尹・従四位下の大伴宿禰道足の三人をかりに参議に任じた。巳の時（午前十時前後）に、一品の舎人親王と新田部親王、大納言・従二位の多治比真人池守、中納言・正三位の藤原朝臣武智麻呂、右中弁・正五位下の小野朝臣牛養、少納言・外従五位下の巨勢朝臣宿奈麻呂らを長屋王の邸に遣わし、その罪を追求し訊問させた。」

（ここからが私の推理する聖武天皇および藤原四兄弟たちの描いた事件収拾の「筋書き」）

「二月〇〇日　左大臣・正二位の長屋王を左道による国家転覆を謀った罪により死刑に処することとした。しかし夫人藤原安宿媛の助命嘆願により、長屋王の死一等を減じて流罪とした。ただし、長屋王の王子のうち元明天皇の勅により皇孫とされた者についてはこの身分を剝奪することとした。なお、吉備内親王には罪がないので処分は行わなかった。」

聖武天皇と安宿媛（光明子）および藤原四兄弟たちの狙いは、いかにして吉備内親王の身の安全を保障しながら、政権の中枢に君臨する長屋王と有力な皇位継承権者である膳夫王以下の王子を排除し、藤原氏による政権の独占と聖武天皇の王権の絶対化を達成するかということであり、そのためには、長屋王に謀反の罪をなすりつけて流罪に処し、吉備内親王の子供たちの皇位継承権を無きものにして事件を収めるのが最も望ましい「筋書き」であったということなのです。

さらに、彼らは、この「筋書き」に七年前の「謀反誣告および天皇非難事件」に用いた計略を再び組み込むことにしました。それは「長屋王の助命を天皇に嘆願した慈悲深い夫人安宿媛」という人物像の演出でした。

藤原四兄弟たちの目論見では、夫人安宿媛が、長屋王の謀反の企みに怒り狂う聖武天皇を諫めて長屋王の命を救ったという美談をつくり上げ、天皇をも翻意させた慈愛と勇気に満ちた安宿媛こそ皇后に最もふさわしい人物であると天下に喧伝した後、聖武天皇による安宿媛立后の発詔をもって事件を締めくくるはずでした。

ところが、彼らは想像を超えた「大どんでん返し」を食らうことになるのです。事件発生からわずか二日後、舎人親王たちによる訊問の翌日、まさしく間髪を容れずに長屋王と吉備内親王そして膳夫王以下（石川夫人の子桑田王を含む）四人の王子たちが「自ら命を絶ってしまった」のです。

天皇の裁定、すなわち四兄弟たちの計略の完結を待たずに長屋王たちが自ら死を選んでしまったことについて、『続日本紀』は「長屋王たちを自殺させた」と記していますが、この記事にはいかにも苦し紛れの口惜しさが漂っています。

本来、たとえ皇親であっても、謀反を企てた重罪人に自宅での自死を認めることは絶対にありません。つまり、天皇および藤原氏側は「長屋王たちを自殺させた」のではなく「長屋王たちに自殺されてしまった」のです。このことによって、彼らの安宿媛の立后に向けた美談づくりの企みは見事に崩壊し、事件後の聖武天皇の狼狽ぶりやいたずらに冗長な安宿媛立后の詔にも見えるように、極めて不甲斐ない結末を迎えることになるのです。

周到に計画されたはずの「長屋王の変」が、このような情けない幕引きとなった第一の原因は何だったのでしょうか。それは聖武天皇や藤原四兄弟たちが「吉備内親王という人物を甘く見ていた」という一語に尽きると思います。

吉備内親王についての記録はほとんど残されていませんが、『続日本紀』が元明天皇の詔として、実姉の元正天皇のつつしみ深い性質と際立った美しさをわざわざ書き残していることから推測しても、吉備内親王が姉の元正天皇に勝るとも劣らない気品と美貌の持ち主であったことは想像に難くありません。飛躍覚悟で断言しますが、興福寺阿修羅像の正面の顔をぜひ思い浮かべてみてください。

それでは、自ら死を選んだ長屋王と吉備内親王の姿を思い浮かべながら「長屋王の変」の顚末を推理してみたいと思います。

神亀六（七二九）年二月十日、突如として藤原宇合らの率いる六衛府の軍隊に邸を包囲された長屋王は、翌十一日に舎人親王、新田部親王および藤原武智麻呂たちから聖武天皇の長屋王断罪の意思が極めて固いことを告げられます。さらに天皇側と何らかの取り引きのあった舎人親王から「藤原安宿媛の嘆願により、本来死罪とすべき罪を減じて長屋王を流罪に処する。しかし、謀反人の子に皇位継承権を与えることはできないので膳夫王たちの皇孫の身分を剝奪する。また吉備内親王には罪がないので身分および財産を保障し、引き続き子供たちとともに邸に留まることを認める」という天皇の裁断を伝えられ、従うよう命令されます。

この冤罪事件が、聖武天皇と彼を取り巻く皇親や貴族によって周到に仕掛けられたものであり、もはや一切の抗弁には意味がないと悟った長屋王は、自ら死を選ぶことも考えます。しかし、自分の死後に吉備内親王や王子たちの身に災厄がおよぶことを恐れ、思いとどまって流刑に処せられる道を選びます。

ところが、このような長屋王の意思を聞かされた吉備内親王は、しばらく沈思した後、夫の想定外の決断をするのです。それは、長屋王の身の潔白と国家に対する忠誠心および聖武天皇への強い抗議の意思を示すために、長屋王とともに死を選ぶというものでした。

吉備内親王がこのような決断をするに至った背景には、祖母持統天皇の悲願である「草壁皇統」の存続のために、兄文武天皇から皇位を引き継いだ母元明天皇、さらに皇統保持に身を捧げて独身を貫き通した姉元正天皇への痛切な思いがありました。

祖母から兄文武、母元明、姉元正へと引き継がれ、幾多の困難を乗り越えて守り伝えられてきた「草壁皇統」を、継承者である聖武天皇自身が、卑近な利己心や恐怖心によって存続の危機にさらしてしまうことは、吉備内親王にとって到底許すことのできない暴挙だったのです。

さらに天皇の権力を利用して長屋王の追い落としを謀る藤原四兄弟の野望を見透かしていた吉備内親王は、聖武天皇の愚かな判断が、いずれ「草壁皇統」すなわち聖武自身の血統の消滅をも招くであろうことを予見していました。

長屋王の了解を得た吉備内親王は、膳夫王ら三人の王子を呼び寄せ、自分は長屋王とともに命を絶つ覚悟であることを伝えます。

そして、両親の意思を聞いた膳夫王、葛木王および鉤取王の三人は、即座に両親と運命を共にする決意を示します。また知らせを聞いた異母兄弟の桑田王は、膳夫王たちとともに死を選ぶことを長屋王に願い出ます。

おそらく桑田王は膳夫王を実の兄のように慕っていたのでしょう。あるいは桑田王は、たとえ生き延びたとしても、長屋王の王子である以上、後に再び権力闘争に巻き込まれ命を危うくするであろうことを悟っていたのかもしれません。事実、長屋王と藤原長娥子との間に生まれた安宿王や黄文王は、天平宝字元（七五七）年に皇位をめぐって引き起こされた「橘奈良麻呂の乱」にかかわったとして、それぞれ流罪や拷問死に見舞われています。

長屋王一家の亡くなり方は、蘇我入鹿らの軍に宮を襲撃された際に、戦闘によって民百姓に災いがおよぶことを避けて「わが身を入鹿に賜わる」と言い残し、斑鳩寺《いかるがでら》(法隆寺)で自経して果てた聖徳太子の長男山背大兄王《やましろのおおえのおう》一族の滅亡の姿ととてもよく似ています。

私は、長屋王と吉備内親王たちの山背大兄王一族の最期を彷彿とさせる潔い姿に、橘三千代の影響による聖徳太子への深い信仰心を感じています。長屋王と吉備内親王たちは、有名な法隆寺の「玉虫厨子《たまむしのずし》」に描かれた「捨身飼虎図《しゃしんしこず》(飢えた虎の親子にわが身を与える釈迦の前世の姿を描いた図)」を実際に見て、その姿を胸に刻んでいたはずであり、聖徳太子や山背大兄王の信仰心と生きざまに深い感銘を受けていたに違いありません。

二月十二日、早朝から長屋王邸は異様な静寂に包まれていました。いつもなら朝餉の支度に忙しく動き回る使用人たちの姿がまったく見えず、飼われている家畜や鳥たちも何事かを察知しているのか、じっと息を潜めているようでした。

邸内のあまりの静けさに胸騒ぎを感じた包囲軍の隊長は、数人の部下を伴って様子を見に邸のなかに入ります。

おそるおそる長屋王の舘に足を踏み入れた軍人たちが目にしたのは、自ら首をくくって果てた長屋王と吉備内親王および四人の王子たちの亡骸でした。長屋王たち六人の遺体は、すでに使用人の手によって清められ、整然と横たえられていました。邸内には長屋王一家の死を悼む数十人の人々の嗚咽が絶え間なく漏れ続けていました。

知らせを受けて長屋王邸に駆けつけた藤原宇合たちは、長屋王一家の死を目の当たりにして動転し、とりあえず邸内にいた人々を手あたりしだいに捕縛して聖武天皇や舎人親王に事態を報告します。

長屋王一家自殺の報告を受けた聖武天皇は、事態の深刻さに驚愕し、パニック状態に陥ったことでしょう。彼は最悪の結果を招いてしまった舎人親王や藤原四兄弟たちの失態を大声で罵ったに違いありません。

予想外の長屋王一家の死に宮中の人々が激しい狼狽を見せるなか、ただ一人冷静に事態の収拾を思案していた人物がいました。それは、天才政治家藤原不比等の娘である安宿媛でした。

安宿媛は、速やかに長屋王たちの遺体を処分し、世間の人々がいろいろと詮索し始める前に、先手を打って今回の事件の収拾を図ることを武智麻呂たちに進言し、実行に移させます。

聖武天皇は、物心がついたころからずっと側にあって、いつも孤独で繊細な自分の心を支えてくれる勇気と決断力に満ちた安宿媛を誰よりも信頼していました。後に甥の藤原仲麻呂と結託し、聖武亡き後の朝政を牛耳った光明子（安宿媛）は、父藤原不比等から、兄たちをはるかに凌ぐ冷静な判断力と図太い胆力を受け継いでいた人物であったと思われます。

安宿媛の助言を得た藤原四兄弟たちは迅速に行動します。長屋王一家の死の翌日には、長屋王と吉備内親王の亡骸を生駒山の奥深くに埋葬し、王子たちの遺体は人知れず処分してしまいます。

明治三十四年、江戸時代中期の文献『大和志』に基づき、奈良県平群《へぐり》町梨本にある直径十五メートルほどの円墳が長屋王墓、その北西百五十メートルほどの場所にある墳墓が吉備内親王の墓に比定されました。しかし、長屋王たちが埋葬された生駒山中とはかなり離れた平群谷の地にある二つの墳墓を、事件から千年後に長屋王と吉備内親王の墓とした『大和志』の根拠は希薄で、これらの墳墓が長屋王たちの墓である可能性は低いと言わざるを得ません。

しかしながら、現在でも当該墓所において、毎年宮内庁と現地の人々による長屋王追悼の儀式が行われており、平群の人々の長屋王と吉備内親王に対する深い追慕の念には頭の下がる思いがします。

事態の収拾に乗り出した聖武天皇ですが、その言動は明らかに自家撞着に陥っています。『続日本紀』から聖武天皇の対応を追ってみましょう。

「二月十三日　使いを遣わして長屋王と吉備内親王の遺骸を生馬山（生駒山）に葬った。そこで天皇はつぎのように勅した。

『吉備内親王には罪がないから、例に准じて葬送せよ。ただ笛や太鼓による葬楽はやめよ。その家令や帳内らはともに放免する。長屋王は犯した罪により誅せられたのであるから、罪人であるとはいえ皇族なので、その葬り方を醜いものにしてはならない』

長屋王は天武天皇の孫で、高市親王の子であり、吉備内親王は日並知皇子尊（草壁皇子）の娘である。

二月十五日　次のように詔した。

『左大臣・正二位の長屋王は、残忍邪悪な人であったが、ついに道を誤って悪事があらわれ、よこしまの果てに、にわかに法網にかかった。そこで悪事の仲間を除去し、絶滅させよう。国司は人が集まって何事かをたくらむのを見逃してはならぬ』

よって二月十二日付で常例にしたがってこれを処理した。

二月十七日　外従五位下の上毛野朝臣宿奈麻呂ら七人は、長屋王と意を通じていたことがとがめられ、いずれも流罪に処せられた。その他の九十人はすべて放免された。

二月十八日　左大弁・正四位上の石川朝臣石足らを、長屋王の弟で従四位上の鈴鹿王の邸に遣わして、次のような勅をのべさせた。

『長屋王の兄弟姉妹と子孫、およびそれらの妾のうち連座して罰せられるべき者たちは、男女を問わずすべて赦免する』

この日、百官たちは大祓を行った。

二月二十一日　左京・右京の死罪以下の罪人を赦免した。あわせて長屋王の事件のため動員された人民の雑徭を免除した。また告発者の漆部造君足・中臣宮処連東人に、ともに外従五位下を授け、封戸三十戸と田十町を賜わった。漆部駒長には従七位下を授けた。いずれも身分に応じて物を賜わった。
二月二十六日　長屋王の弟・姉妹と子供たちのうち、生存する者には、禄を給すること
が認められた。」

この後『続日本紀』は叙位記事や藤原武智麻呂の大納言任官記事などを載せた後、四月三日に呪術や妖言を警戒する記事を載せ、さらに先にご紹介した「舎人親王に敬意を表するに及ばず」との太政官決定を記しています。

「長屋王の変」の事後処理記事の際立った特徴は、聖武天皇の言動に一貫性が認められず、むしろ矛盾した対応に終始していることです。

国家の転覆を謀った長屋王の邪悪な犯罪を暴いたと断言した割には、外従五位下の上毛野《かみつけの》朝臣宿奈麻呂《あそんすくなまろ》ら七人を流罪に処しただけで、九十人という逮捕者の大半を放免してしまいます。しかも『続日本紀』には罪人たちの配流先も記されていません。「長屋王の変」よりずっと小さな事件である養老六（七二二）年の「謀反誣告および天皇非難事件」の際に、多治比真人三宅麻呂と穂積朝臣老をそれぞれ伊豆の島と佐渡の島に流したと明記していることと比べても、かなりいい加減な処分であることがわかります。流罪になった宿奈麻呂は郷里の上毛野へ帰されただけか、と勘繰りたくなるほどです。

あまりにも緩い処分をもって事態の収拾をはかった聖武天皇は、この後官人たちに罪の穢れを祓う中臣氏の神事「大祓」を行わせ、さらに長屋王の弟や姉妹および生き残った子供たちに禄を与えています。謀反という最大級の重罪を企て死罪となった人物の兄弟姉妹や子供たちに給料（手当）を与える君主がいったいどこにいるというのでしょうか。

周到に準備し、瞬く間に長屋王の邸を包囲した前半の筋書きに比べて、「長屋王の変」の事後処理は際立った「お粗末さ」を露呈しています。

明らかに聖武天皇は長屋王一家の死に動揺し、何かを恐れているように見えます。彼が恐れたのは、大恩人元明天皇の娘の死を見過ごしてしまった義母橘三千代の悲痛な叫びでしょうか。または最愛の妹を失った元正太上天皇の怒髪天を衝く怒りだったのでしょうか。

長屋王一家、とくに吉備内親王の死に対する橘三千代の反応については史料がなく、元明天皇に対する三千代の尊崇の念や「長屋王の変」後の光明子の動向などからその糸口を探っていくしかありませんが、元正太上天皇については、事件から半年後の天平元（七二九）年八月五日に出された聖武天皇の「天平改元の宣命」および天平二十（七四八）年四月に崩御した元正太上天皇の「遺勅」から、彼女の極めて厳しい態度を窺い知ることができます。

聖武天皇の天平改元の宣命からは、元正太上天皇に対して、謙遜を通り越して気の毒なほどへりくだっている聖武天皇の様子が見て取れます。

聖武天皇の宣命を要約すると「天皇としての自分は知識や経験に乏しく、臣下たちに対しても落ち度があろうかと思うと恐れ多く恥ずかしく、太上天皇（元正）の御前にかしこまって這い回るように怖れながら政治や人事を相談申し上げると、太上天皇は教え導いて下さる。その教えの通りに政治を行っていると、めでたい文字を背負った亀が献上されたので改元するが、これは自分ではなく、太上天皇の徳に対する天の恵みである」となり、聖武は異様なほど元正に気を遣っていることがわかります。

また、元正太上天皇が臨終の床で群臣たちに命じた遺勅には、彼女の真情が吐露されています。元正は、遺勅において「王族らは手に入らない皇位を求め、他人を誘い、悪しき心をもって邪悪な謀を企て、また臣下の者は自分の利己心でそれぞれの王族に味方し、無礼で邪悪な謀略をめぐらしている。このような人々を私は必ず天から見ていて嫌悪し遠ざけるぞ。天地の恵みも彼らに与えられることはないだろう」と、皇位をめぐる争いを繰り広げる王族や臣下たちを嫌悪し唾棄しています。

元正天皇の遺勅には、皇位をめぐる政争によって大切な妹とその家族を奪われた無念の思いが強く込められているように思われます。

しかし、遺勅に込められた元正太上天皇の思いを裏切るかのように、元正崩御の翌年、聖武天皇は重荷から解き放たれたかのように、さっさと出家して自ら「太上天皇《だじょうてんのう》沙弥《しゃみ》勝満《しょうまん》」と名乗り、ほとんど政治経験のない皇太子阿倍内親王に譲位してしまいます。

そして、彼は「これからは太皇后（光明子）を朕と思って仕えよ」と宣言し、本来太上天皇が担うべき権限を藤原氏出身の光明子に委ねてしまうのです。聖武天皇は、やっと元正天皇の呪縛から解き放たれ、望み通り仏道に専念することができたようですが、彼の皇位を投げ出すかのような行動は、この後皇族や貴族たちの間に天皇の座をめぐる陰謀と抗争の連鎖を呼び、ついには平城京の息の根を止めることになっていくのです。

このように事実経過を追っていくと、数々の政治的混乱と王権をめぐる抗争、聖武天皇の五年におよぶ彷徨と無謀な遷都計画、平城還都後の大仏造営による官民の疲弊、そして平城京の放棄に至る波乱の歴史の発端となった事件が、あの「長屋王の変」であったことがよくわかります。

聖武天皇と皇后光明子の人物像

ここまで平城京滅亡の端緒を開いた事件「長屋王の変」の真相を究明し、興福寺八部衆造像の陰の主役である橘三千代の人物像と仏教信仰について探ってきました。いよいよこれから本書のテーマである「興福寺八部衆の謎」の解明に挑んでいくことになりますが、その前に残る二人の重要人物について考察しておきたいと思います。一人はこの時代に君臨した天皇聖武、そしてもう一人は陰の女帝ともいうべき皇后光明子です。

聖武天皇に対する研究者や歴史家の評価は、私の見る限り、必ずしも芳しいものではありません。わが国初の本格的な律令制国家の都である平城京に君臨し、有名な奈良の大仏を造らせて国家的仏教信仰の基盤形成に貢献した天皇でありながら、いわゆる「五年におよぶ彷徨」や「突然の出家」に見られるように、優柔不断な性格と一貫性を欠く言動によって、国家を混乱させ人々を疲弊させた天皇であるというのが聖武に対する一般的な評価のようです。

私も興福寺八部衆の制作をめぐる時代背景を探っていくなかで、たびたび聖武天皇の不可解な言動に迷わされ、何度も彼の人間像を把握しきれない場面に遭遇しました。しかし、聖武天皇の生い立ちを丁寧に追ってみると、聖武天皇という人物が、いかに稀有な境遇に生まれ、特殊な環境で育てられてきたかということがわかり、彼の一見常軌を逸したかのような言動についても無理からぬことかと思えるようになってきたのです。

聖武天皇（首皇子）は生まれてから三十六年間、一度も母親に会うことができませんでした。実の母親が生きていて、しかも自分の住まいの近くに居るらしいことを、幼い首皇子は感じ取っていたに違いありません。彼の繊細な感性は、この事実をどのように受け止めていたのでしょうか。

さらに首皇子は七歳で父の文武天皇を失っています。祖母の元明天皇をはじめ叔母の氷高内親王や吉備内親王および乳母の犬養三千代たちが幼い皇子を慰め、心の限りを尽くして彼に寄り添ったことでしょう。しかし、七歳で父と死別した幼子が、生きているはずの母を捜し求めてやまないのはあたりまえのことです。

首皇子は母に会うことを強く願ったでしょうが、当然許されるはずもなく、平城遷都後も母子は歩いて十分足らずの場所に離れて暮らし続けたのでした。もちろん母親が隔離されている本当の理由など知らされるはずもありません。しだいに首皇子は母親の存在を意識の奥深くに抑圧していったことでしょう。

時代と立場は大きく違っていても、このような歪んだ生育環境が、どれほど健やかな人格形成を阻害するかについては、誰にでも容易に想像がつくはずです。

首皇子は「草壁皇統」唯一の直系男子として、宮殿の奥深くで腫れ物に触るように育てられたことでしょう。母親に会えぬ寂しさや不安を心の底に抱えながら一人ぼっちでわがまま放題に育った首皇子が、人一倍独善的で不安や恐怖に苛まれやすい性格の持ち主になったとしても不思議ではないと思います。

事実、首皇子は霊亀元（七一五）年と養老三（七一九）年の二度の皇位継承のチャンスを逸しています。また養老五（七二一）年に元明太上天皇が崩御された際には、すでに成人に達していたにもかかわらず譲位を受けることができませんでした。そして、さらに二年以上を経た神亀元（七二四）年、二十四歳でようやく即位に漕ぎつけたのでした。

一人しかいない天皇の候補者の即位が、なぜこれほど難航したのでしょうか。私は、母親の血筋の問題はさておき、聖武天皇（首皇子）の即位がここまで遅れたのは、彼の天皇としての資質に問題があったからだとする説を支持しますが、それは従来唱えられてきたような優柔不断で何も決められない軟弱な性格によるものではなく、逆に感情の起伏が激しく、独善的で腺病質、いわゆるヒステリックな性格にあったのではないかと思っています。

しかし、一方で『続日本紀』には、聖武天皇と母親との関係について極めて気になる記録が残されています。それは聖武即位年の紀伊国行幸に関する記事です。

神亀元（七二四）年十月、聖武天皇は紀伊国に行幸し、国司や郡司および高齢者に禄を賜わり、税の免除や罪人の赦免を行っています。父である文武天皇の紀伊国行幸の時とは訪れた場所が違っていますが、即位して間もない聖武天皇が、わざわざ紀伊国に行幸していることには、文武天皇の皇子誕生年の紀伊国行幸との関連を窺わせるような、何らかの特別な意味があったと考えることができます。

天皇に即位した聖武が、母親の故郷である紀伊国への感謝の意を表すために行幸したと仮定するならば、彼は三十七歳で初めて母親に会うまで何も知らされずに過ごしていたのではなく、少なくとも即位の時点では、すでに母親の詳しい出自を知っていたことになります。

つまり、聖武天皇は、紀州の海人の娘である実の母親が、藤原宮子という架空の人物に仕立て上げられ、不比等邸の奥深くに幽閉されているのを承知のうえで、平然と日々を過ごしていたということになるのです。

即位後、母親に「皇太夫人」あるいは「大御祖」の尊称を与え、国母として敬うことを宣言した聖武天皇は、病床にある母親を見舞うどころか、その後十二年間一度も母親と会っていません。もし、聖武天皇がすべてを知ったうえでこのような対応をしていたならば、もはや聖武の心の「屈折ぶり」は尋常ではありません。

私は、聖武天皇は母親の出自を知らされないまま、不安のなかで三十六年の年月を過ごしていたと信じたいのですが、真相は不明です。

いずれにせよ、極めて特殊な生育環境が、聖武天皇の人格形成に大きな影響を与えたことは間違いないでしょう。

このような聖武天皇と対照的な生育環境にあったのが、長屋王と吉備内親王の王子たちでした。彼らは文句のつけようのない高貴な血統に生まれ、力強く頼れる父と美しく優しい母に見守られながら、このうえなく健やかに育っていました。

長屋王の王子たちの屈託のない笑顔を見せつけられることは、孤独な首皇子には大きな負担となったに違いありません。そして、あろうことか祖母元明天皇が、膳夫王たちを「草壁皇統」の有力な皇位継承者に押し上げてしまったのですから、首皇子はどれほどの不安と恐怖に襲われたことでしょう。この点において、私は首皇子に同情を禁じ得ません。長屋王も豪奢な生活に安住せずに、もっと孤独な首皇子の身の上を案ずるべきではなかったのかとすら思ってしまうほどです。

このように聖武天皇の人物像をとらえると、ようやく誕生した皇太子が一年を経ずして亡くなってしまったとき、皇位継承をめぐる彼の不安と恐怖はピークに達したと判断することができます。

聖武天皇が、幼少期からずっと抱え込んできた長屋王家の人々に対する強烈なコンプレックスが、皇太子の死を機に一気に噴出し、「長屋王の変」を引き起こしてしまった可能性は否定できないと思います。

聖武天皇の皇后である光明子は、天平勝宝元（七四九）年に聖武天皇が出家して「太上天皇沙弥勝満」と名乗ると、ただちに自らの皇后宮職を大幅に拡大した「紫微中台」を設置し、長官に甥の藤原仲麻呂を据えて権力の掌握に乗り出します。

「紫微中台」の「紫微」とは中国における「天帝の座」を、「中台」とは「皇太后」を意味しています。要するに光明子は「天帝の座に就いた皇太后」であることを天下に宣言したことになるのです。

さらに聖武崩御後の天平宝字元（七五七）年、光明子は聖武の遺詔を裏切り、仲麻呂邸に居住する舎人親王の王子大炊王《おおいおう》を皇太子に立て、その翌年には娘の孝謙天皇に譲位させて実質的な仲麻呂の独裁政権をつくり上げてしまうのです。

しかし、藤原仲麻呂（恵美押勝《えみのおしかつ》）のあまりにも強引な政治手法は、光明子の死後、孝謙（称徳）と側近たちの痛烈な巻き返しを受けることになります。その結果、反乱計画が発覚した仲麻呂は逃亡の途中に琵琶湖畔で惨殺され、廃帝となった大炊王（明治時代に淳仁《じゅんにん》天皇と諡号《しごう》）は流された淡路島で亡くなります。

光明子や仲麻呂の没後も平城京の混乱はいっこうに収まらず、この後有名な「道鏡事件」が起こり、さらに光仁天皇による聖武直系の井上《いのえ》内親王と他戸《おさべ》親王の排除、ついには桓武天皇による長岡京遷都と続き、平城京はその歴史の幕を閉じていくことになるのです。

このように見ていくと、光明子の仲麻呂を使った政権掌握の行為は、聖武天皇崩御後の政治的混乱に拍車をかけ、持統天皇の悲願であった「草壁皇統」ばかりか、夫聖武天皇の血統をも根絶やしにする結果を招いたことになります。

一方で、四兄弟の死により一度は没落の危機に瀕した藤原氏は、光明子の尽力によって息を吹き返し、この後絶大な権勢を手に入れて藤原千年の歴史を築いていくことになるのです。まるで光明子は藤原氏の繁栄のために天皇家を犠牲にしたかのような印象を受けるのですが、このような結末を果たして彼女は予測していたのでしょうか。


光明子（安宿媛）は、聖武天皇（首皇子）と同じ大宝元（七〇一）年に藤原不比等と犬養三千代の娘として誕生しました。最高の執政官と至上の女官との間に生まれた娘は、将来天皇の夫人となることを約束されていたに違いありません。

安宿媛は、幼少期から母三千代に従ってしばしば首皇子の宮殿を訪ねていたと思われます。父から些事にこだわらない胆力を、また母から信念を貫く意志の力を引き継いでいた安宿媛は、同い年の首皇子にとって、傷ついた繊細な心を癒やし、安心して頼ることのできる身近な存在であったことでしょう。後の安宿媛立后の詔にある「後の政」の萌芽が見て取れるようです。

すでにご紹介しましたが、正倉院に伝わる「赤漆文欟木御厨子」に納められていた聖武天皇の書と光明子の書には、二人の性格の違いがよく表れています。聖武天皇の書は極めて緻密に整えられており、微細な誤りをも許さない、言い換えれば他者の干渉を拒んでいるかのような印象を与えています。これに対して光明子の書には、文字の形状に拘泥しない大胆さがあり、おおらかで男勝りの図太い性格を感じさせられます。

書を見る限りでは、大胆な性格の光明子が、繊細な性格の聖武天皇を精神的に支えていたように思えるのです。

また光明子という人物の事績を見ると、彼女には相反する二つの人格が共存しているように思えます。数々の写経事業に加えて、施薬院・悲田院の設置と慈善行為、興福寺や薬師寺の堂塔の建造、法隆寺への長期にわたる多大な寄進、さらには国分尼寺「法華滅罪之寺」すなわち「法華寺」の建立など、後世に「仏弟子光明子」と語り伝えられるほどの仏教への深い帰依や奉仕活動の功績を残す一方で、長屋王一家自決の地に平然と自らの皇后宮を設置したり、夫聖武の遺志や娘孝謙の立場をないがしろにして甥の仲麻呂を重用し、天皇家より藤原氏の繁栄を優先させたとしか思えない行動に走ってみたりと、光明子のなかには、仏教の教えに基づく「慈愛に満ちた心」と他者の痛みを感じない「冷淡なエゴイズム」が平然と同居しているように見えるのです。まさに慈悲深い母橘三千代と冷徹な父藤原不比等の相反する性格が光明子という娘の人格に結実しているかのようです。

橘三千代の死と興福寺八部衆像の造像

皇后藤原光明子は、天平六（七三四）年正月、前年正月十一日に亡くなった母橘三千代の一周忌のために興福寺西金堂を建立し、本尊の釈迦如来像をはじめとする二十八体の仏像を納めます。

西金堂の建造は、三千代の死のわずか十日後に始まり、延べ五万五〇〇〇人を超える膨大な労力を費やして行われたとされていますが、堂の造営といい、仏像の制作といい、短期間に想像を絶する資金が投入されたことは疑いようがありません。このことから、光明子にとって母橘三千代の存在がいかに大きなものであったかを窺い知ることができます。

西金堂に安置された仏像のうち『興福寺流記』に「八部神王」と記された像、すなわち興福寺八部衆像は「藤原氏を中心とする時の権力者たちによって仕組まれた冤罪により命を落とした長屋王、吉備内親王および四人の王子たちの鎮魂と懺悔のために造られた像である」というのが本書における私の主張なのですが、ここで私の推論の裏付けともなり得る光明子の仏教信仰について探ってみたいと思います。

光明子が、熱心な仏教信者であった母橘三千代の影響を受けていたことは間違いないのですが、彼女の仏教信仰はどの程度のものであったのでしょうか。

光明子の信仰の深さを示す一つの手掛かりが、彼女の「光明子」という名前にあります。藤原安宿媛がいつから「光明子」と名乗りだしたのか正確にはわかっていませんが、この「光明」という名称が『金光明最勝王経』という仏教経典に由来していることは間違いありません。

『金光明最勝王経』は、養老二（七一八）年に留学先の唐から帰国し、興福寺に居住した僧「道慈」が請来した経典で、いわゆる「護国経典」として有名ですが、一方で、先にご紹介した『法華経』の「変成男子」の教えにも通ずる「懺悔による女性の成仏」を説く経典でもあります。

この経典には、釈迦が前世において「福宝光明《ふくほうこうみょう》」という名前の女性であったとき、熱心に『金光明最勝王経』を信仰した結果、釈迦牟尼《しゃかむに》として生まれ変わったという教えが説かれています。

仏教では本来成仏できないとされる女性に生まれながら、『金光明最勝王経』の導きにより釈迦に転生した福宝光明の姿に深い感銘を受けた藤原安宿媛が、自ら「光明子」と名乗るようになったとしても不思議ではないと思います。このことからも光明子は、仏教の経典に倣って改名するほど熱心な仏教信者であったと推測することができます。

私は、彼女が光明子という名前を使いだしたのは、おそらく皇后になってまもなく、彼女の仏教への信仰が一段と深まりを見せたころではないかと思っています。

橘三千代の娘である皇后光明子もまた熱心な仏教信者であったことがわかると、彼女が『金光明最勝王経』の説く「懺悔（悔過）」の教えに基づいて、かつてないほど多数の仏像で埋め尽くされた興福寺西金堂を建立した背景を理解することができます。さらに西金堂に納める仏像の制作や配置には、間違いなく『金光明最勝王経』に精通していた興福寺の僧道慈が関与していたと思われます。

後述しますが、道慈ゆかりの「大安寺《だいあんじ》」や「額安寺《かくあんじ》」にも八部衆像が存在したという伝承が残されており、現在は否定されていますが、阿修羅をはじめとする興福寺の八部衆像は、もとは「額安寺」にあった像を興福寺に移したものであるという説も唱えられていたほどです。このことからも、興福寺八部衆と道慈との浅からぬ関係を感じ取ることができます。

なお、興福寺西金堂の仏像群の配置については、鎌倉時代に作られた「興福寺曼荼羅図《こうふくじまんだらず》」によって知ることができます。

それでは、橘三千代の死から興福寺八部衆の造像に至る過程を推理してみたいと思います。

天平五（七三三）年正月十一日「内命婦正三位県犬養橘宿禰三千代《うちのみょうぶしょうさんみあがたいぬかいのたちばなのすくねみちよ》」は、平城宮に隣

接する旧藤原不比等邸において六十九年の生涯を閉じました。天武、持統、文武、元明の歴代天皇に仕え、大恩ある元明天皇の没後は深く仏道に帰依し、その菩提を弔いながら元正、聖武そして娘の光明子の精神的な支えとして生きた女性の偉大な生涯でした。この年、聖武天皇は亡き三千代に「従一位」の位を贈ってその功績をたたえています。

たびたび申し述べてきたとおり、橘三千代は、飛鳥浄御原宮《あすかのきよみはらのみや》から藤原京を経て平城京に至る時代の核心を知る女性であり、橘三千代という人物をどのように評価するかによって、この時代の解釈にも大きな違いが生じてくることになるのです。

橘三千代を、政治的野心に満ち、権謀術数にたけた人物と評価するならば、興福寺八部衆が、義理の息子たちによって滅亡させられた長屋王一家の鎮魂の像であろうはずがありません。聖武天皇が、事件の翌日に長屋王と吉備内親王を生駒山中深くに葬ってしまったように、娘の光明子が、長屋王邸の跡地を皇后宮にして事件の痕跡を消し去ろうとしたように、三千代もまた自身や周辺の人々の記憶から長屋王や吉備内親王の存在を打ち消すことに腐心したに違いありません。

私は、聖武天皇や藤原四兄弟たち「長屋王の変」に深くかかわった人々が、一刻も早く事件の忌まわしい記憶を払拭しようとするなか、ただ一人橘三千代だけが、元明天皇への贖罪と長屋王一家の鎮魂を仏に祈る日々を送っていたと考えています。

大恩人元明天皇の娘である吉備内親王を、あろうことか義理の息子や実の娘が死に追いやってしまい、しかも持統天皇以来の悲願である「草壁皇統」の大切な血脈を絶ってしまった事実は、橘三千代にとって何事にも耐えがたい屈辱でした。彼女は残された人生を仏に対する懺悔と長屋王一家の供養に費やす覚悟を決めていたはずです。

長屋王一家が排除され、娘の安宿媛が皇后に立てられたことを橘三千代が慶ぶのは当然であり、彼女は安宿媛の立后を積極的に支援したに違いない、というのが一般的な解釈です。なかには橘三千代こそ、娘を皇后にするために「長屋王の変」を陰から操った黒幕である、といった極端な考えも示されているほどです。

しかし、これらの解釈に従うならば、橘三千代は、藤原氏と娘安宿媛の利益、すなわち自らの野望達成のために、持統以来の歴代天皇から賜わった数々の恩義を平然と裏切り、少女の時から深い信頼関係を築きあげてきた元明天皇との絆を無慈悲に断ち切った女性、ということになります。

もし、橘三千代がこのような人物であったならば、彼女の仏教信仰は、おのずから利己主義に満ちた浅薄なものに留まったはずです。三千代の政治的な立場に関心を奪われて、彼女の仏教への信仰心を軽く扱ってしまうと「興福寺八部衆の謎」は永遠に解けなくなってしまいます。すでに述べたとおり、幼少期から深く心に刻み込まれた橘三千代の仏教信仰は、利己心に基づくご利益信仰とは明らかに一線を画しています。

自らの邸内に「観無量寿堂」という仏堂を持ち、法隆寺に伝わる国宝「伝橘夫人厨子・念持仏」や数多くの経典に囲まれて日々の暮らしを送っていた橘三千代の仏教信仰は、紛れなき本物なのです。そして、三千代の敬虔な信仰心が、阿修羅をはじめとする興福寺八部衆を生み出すことになったのです。

長屋王一家の死から四年、一心に彼らの菩提を弔ってきた橘三千代も、とうとうその生涯を閉じることになりました。死期が近いことを悟った三千代は、病床を見舞った皇后光明子に最期の願いを託します。

三千代の最期の願いとは「自分に代わって長屋王と吉備内親王および四人の王子たちを終生供養してほしい」というものでした。

罪業を犯した者やその子孫が必ず報いを受けるという、仏教の「因果応報」の教えを強く信じていた橘三千代は、光明子や藤原四兄弟の犯した罪業、すなわち無実の長屋王一家を死に追いやったことに対する仏罰が彼らの身に下ることを恐れ、ひたすら懺悔の日々を送っていました。

三千代は、長屋王一家の供養と仏に対する懺悔を怠れば、光明子や藤原の兄たちばかりでなく、聖武天皇にすら災いがおよびかねないことを娘に警告します。それは、もはや願いではなく命令でありました。

「やはり母は私たちを赦してはいなかった……」

覚悟はしていましたが、死を目前にした母の口から、長屋王一家の供養と鎮魂を命ずる言葉を聞かされた光明子は、深く傷つきました。歴代天皇の信頼も厚く、元正天皇、文武天皇、吉備内親王および聖武天皇にとっての「慈母」ともいうべき橘三千代は、たとえ天皇であっても軽んずることのできない確固たる存在でありました。三千代の「遺言」には、けっして逆らうことの許されない重みがあったのです。

一方で光明子には、自ら一身を捧げて聖武天皇と藤原の家を守ってきたという確固たるプライドがありました。幼少期から、心身ともに脆弱で不安定な首皇子の傍らに侍り、彼をいたわり励まし続けて皇位に上りつめさせ、父藤原不比等に比べると才能も力量もはるかに劣る兄たちの後ろ盾となって藤原の家を支えてきたのは自分だという、動かしがたい思いがあったのです。

いかに吉備内親王の死が予想外の事態であったとはいえ、聖武天皇と藤原氏のために献身の限りを尽くしてきた光明子にとって、母親から終生の長屋王一家の供養と仏への懺悔を命じられたことは、やはり屈辱であり、受け入れがたい苦痛でありました。

皇后光明子は「長屋王の変」の翌年、興福寺に「五重塔」を建立しています。この塔の建立には、光明子が自ら土を運んで参加したとの伝承も残されています。また同じ年に吉備内親王と縁の深い薬師寺に「東塔」を建てたのも光明子であるとされています。おそらく光明子は、長屋王一家に対する鎮魂のためにこれらの塔を建立したのでしょう。彼女には、「長屋王の変」に対して負うべき責務は果たしているという強い自負心があったのだと思います。

しかし、光明子は、黙して尊敬する母親の遺言を受け入れたのでした。

光明子は、母親三千代の魂の安らかなることを願い、新たに堂を建て、長屋王一家の供養と仏に対する懺悔に努めることを誓います。もちろん、それは彼女の本意とするところではありませんでした。しかし、逃げることは許されません。いや、彼女は困難を前に逃げ出すような弱い人間ではありません。この光明子の辛く、苦渋に満ちた決断は、あの阿修羅像の右側の顔に出現していると私は思っています。

橘三千代が亡くなった年の五月、興福寺西金堂の造営および八部衆像等の制作が進められるさなか、聖武天皇は次のような詔を発しています。

「皇后はすでに長い間病床にある。さまざまの治療をしたがまだ良くなるところがない。この煩いの苦しみを思うと、寝ることも食べることもそれどころではない。全国に大赦を行なって、この病から皇后を救いたい（以下略）」

光明子の病気が、何を原因とするのかは不明です。しかし、長屋王一家の鎮魂のための仏堂と仏像の制作をめぐる光明子の葛藤は、彼女の心身をおおいに疲れさせ、困憊させたことは間違いないと思われます。

先に述べましたように、光明子には二つの人格が同居していました。一つは母橘三千代から受け継いだ信心と慈愛の心、そしてもう一つは父藤原不比等から受け継いだ冷徹な現実主義。この相反する人格のせめぎあいによる葛藤が彼女をとことん苦しめたに違いありません。

光明子は、身をよじるような苦闘の果てに、阿修羅たち八部衆の像を完成させるのです。その意味において、彼女の強靭な精神力には敬服します。八部衆の造像における光明子の精神状態は、まさに「修羅場」であったに違いありません。

母橘三千代のために皇后光明子が興福寺に建立した「西金堂」は、三千代の夫藤原不比等の供養堂である「北円堂」に隣接した境内の西側の端に建てられました。現在は基壇を残すのみの姿となっていますが、創建時には他に例のない二十八体もの仏像と様々な仏具が納められていました。

『興福寺流記』や、それに引用された『宝字記』によると、西金堂には、釈迦《しゃか》丈六像《じょうろくぞう》一軀《たい》(本尊)、脇侍菩薩《わきじぼさつ》二軀、羅漢《らかん》十軀(十大弟子)、羅睺羅《らごら》一軀、梵天王《ぼんてんのう》一軀、帝尺像《たいしゃく》(帝釈天)一軀、四大天王《しだいてんのう》、八部神王《はちぶしんのう》(八部衆)の二十八体の仏像および師子孔《ししく》(獅子吼)一頭、菩提樹《ぼだいじゅ》根二根、宝頂《ほうちょう》一具、さらに金鼓《こんく》一台が安置されていたことがわかっています。現在八部衆と呼ばれている像は、なぜか「八部神王」と記されていました。

興福寺西金堂に納められた仏具のなかに、西金堂建立の目的を明らかにする「金鼓」という楽器があります。この金銅製の打楽器は、現在「華原磬《かげんけい》」という名称で興福寺に伝えられ、国宝に指定されています。

なぜ、この「華原磬」が重要なのかというと、それは、西金堂の仏像群が描いている世界が、道慈が唐から請来し、光明子が自らの名前の由来とした『金光明最勝王経』の巻第二「夢見金《むけんこん》鼓懺悔品《くさんげぼん》」の一場面であることを証明しているからなのです。

「夢見金鼓懺悔品」というのは「夢に金鼓を見て懺悔する章」といった意味で、おおまかな内容は「妙幢菩薩《みょうどうぼさつ》が仏の教えを聞いて感激する。その夜の菩薩の夢に光を発する大きな金鼓が現れ、そこから多くの仏たちが生まれてあふれ出てきた。さらに一人の婆羅門《ばらもん》が現れ、撥《ばち》を持って金鼓を打つと大きく微妙な響きが発生し、その心地よい響きは菩薩を悟りに導き、懺悔を説く教えのようであった。そして、この体験の翌朝、妙幢菩薩は鷲峰山にいる釈迦を訪ねてこのことを伝えた」というものです。

「華原磬」という金鼓の存在から、興福寺西金堂の内部の情景は『金光明最勝王経』の「夢見金鼓懺悔品」の世界を表現していることがわかります。そして、このことは西金堂において懺悔の法会、すなわち過去の罪業を仏や菩薩に告白し、悔い改めるという仏教儀式が行われていたことを裏付けているのです。この懺悔の法会を取りしきっていた人物は、わが国に『金光明最勝王経』を持ち込んだ興福寺の僧道慈であったに違いありません。

なぜ、興福寺西金堂には懺悔の空間が生み出されたのでしょうか。西金堂の懺悔の世界には、何か特別な意図が込められていたのでしょうか。そして、この懺悔の空間を埋め尽くす二十八体の仏像群に紛れ込ませた「六体の人面形の像」には、いったいどのような意味があったというのでしょうか。

もはや、答えは明らかになっています。橘三千代の追善のために建てられた興福寺西金堂は、陰謀によって非業の死を遂げた長屋王一家の魂を鎮め、彼らを死に追いやった人々の罪業を仏に懺悔するために作られた空間であったのです。

したがって、亡くなった長屋王、吉備内親王そして四人の王子を供養するために、天龍八部衆の像に紛れ込ませて長屋王たちの姿を写した「六体の人面形の像」が造られ、秘かに祀られることになったのです。

橘三千代の死後、速やかに西金堂の建立に取り組んだ光明子でしたが、やはり長屋王一家に対する終生の供養と懺悔を命ずる母親の遺言の重さと、それに抗おうとする自分の政治的信念との相克に疲れ果て、たびたび病の床に臥せることになりました。そして、この間にも、道慈の主導により興福寺西金堂の建築および仏像等の制作が着々と進められ、その進捗状況が光明子に報告されていました。

病床にあって、激しい葛藤に襲われながらも、光明子は必死で長屋王家の人々の供養と鎮魂の方法を模索し続けていました。やがて光明子は、悩み抜いた果てに、ある重大な決意をするのでした。

初夏を迎えるころになると、ようやく光明子の体調も回復の兆しを見せ始めます。外出できるようになった光明子は、自ら道慈を伴って仏像群の制作工房に赴き、彫刻の責任者である将軍万福と彩色の責任者である秦牛養を呼びつけると、驚くべき指示を出したのです。

光明子の指示とは「八部衆像のうちの六体の像の顔を作り変える」というものでした。しかし、この時点で、すでに八部衆像の原型の塑像は完成しており、阿修羅像の三つの顔は本来の憤怒の表情に、また他の五体の像も本来の姿、つまり人間とはほど遠い神々の顔に作られていました。

光明子の意図を図りかねた将軍万福と秦牛養でしたが、皇后の命令は絶対です。彼らは直ちに了解し、六体の像の顔を作り変える作業に取りかかりました。こうして、八部衆像のうち阿修羅を含めた六体の像は、原型とは異なる「人の顔を持つ神の像」に姿を変えていったのでした。

（これが、ＣＴ画像解析によって判明した、興福寺の阿修羅像が塑像の原型とはまったく異なった人間的な容貌に作り変えられていたことの理由です。したがって、他の五体の像の顔も原型とは大きく違っている可能性が考えられます）

その後も光明子は自ら頻繁に工房に足を運び、将軍万福や秦牛養に、新たな顔の細部の造形に至るまで、極めて綿密な指示を出すのでした。こうして半年の歳月が流れ、ようやく八部衆の像が完成しました。光明子は、母橘三千代との約束を守ることができたことに安堵し、やっと心落ち着く日々を過ごせるようになったのです。

橘三千代の一周忌にあたる天平六（七三四）年正月十一日、四百人の僧を招いて、興福寺西金堂の落成供養が盛大にとり行われ、道慈による法会を終えると参列者に堂内の礼拝が許されました。

堂内に入った参列者を迎えたのは、灯明の薄明かりに浮かび上がる二十八体の仏像群でした。本尊の釈迦丈六像を取り囲む仏像たちが織りなす空間は、まさしく荘厳なる懺悔の世界でありました。

この年の正月に従二位右大臣の地位を賜わっていた藤原武智麻呂は、藤原氏の代表として、また皇后光明子の兄として、すこぶる上機嫌で義理の母橘三千代の追善供養に参列していました。

意気揚々と西金堂に足を踏み入れた藤原武智麻呂でしたが、堂内に入るや否や、何とも言えない恐怖感に襲われたのでした。彼が感じた異様な背筋の寒さは、けっして真冬の冷気によるものではありませんでした。

しだいに堂内の暗さに慣れてきた武智麻呂の目に飛び込んできたのは、堂内を埋め尽くす仏像群に紛れてバラバラに置かれながらも、一様に自分を見つめる六つの顔と十二の眼差しでした。これら六体の像の姿がはっきりと見え始めると、彼は、腰が抜けたかのようにその場にへたり込んでしまいました。武智麻呂を見つめる六つの顔は、まさしく五年前にこの世から葬り去ったはずの長屋王、吉備内親王そして四人の王子たちであったからなのです。

小刻みな体の震えが止まらない武智麻呂の側にやってきた光明子は、長屋王一家の供養と鎮魂が母三千代の遺言であったこと、さらに六体の像の顔立ちについては、聖武天皇や藤原四兄弟との確執が生ずる以前の長屋王家の人々、すなわち堂々として逞しい長屋王、優しくて美しい吉備内親王、聡明な青年膳夫王、穏やかな少年桑田王、そして、あどけない子供であった頃の葛木王と鉤取王を思い浮かべながら作り上げたことを秘かに告げるのでした。

時間の経過とともに、いくぶん冷静さを取り戻した武智麻呂には、須弥壇《しゅみだん》の上から自分を見下ろす吉備内親王を写した阿修羅像の左側の顔は義母橘三千代を、右側の顔は妹の光明子自身をそれぞれ写していることがわかってきました。そして、武智麻呂は、阿修羅の右側の顔の強く唇を噛みしめた表情から、父親譲りの激しい気性を持つ妹が、どれほどの悔しさや辛さをもってこれらの像を作り上げていったのかを察知したのでした。

しかし、この後二度と武智麻呂が西金堂を訪れることはありませんでした。

天平二(七三〇)年六月の神祇官への落雷事件と人命の損失など、「長屋王の変」以後の『続日本紀』には天変地異に関する記事が目立ってきます。とくに橘三千代が亡くなった後は、光明子の長屋王一家鎮魂のための懸命の努力も空しく、まるで歯止めを失ったかのように大規模な旱魃や風水害および地震が頻発し、二度にわたる疫病の大流行は、容赦なく「長屋王の変」の首謀者たちの命を奪っていったのです。

これらの事実が、奈良の都をいっそうの混乱に陥れ、平城京の滅亡を招く大きな要因となったことは間違いありません。そして、これらの災厄の原因とされた「長屋王の変」が、後に平安京を席捲する「怨霊信仰」のさきがけとして、後世の人々に強く意識されるようになったとしても不思議ではありません。

それでは、橘三千代の死後の天変地異などの記録を追ってみましょう。

天平五（七三三）年
正月　橘三千代没
二月　大倭、河内で飢饉
三月　遠江、淡路、紀伊、阿波などで飢饉
五月　光明子長期間病床に臥す

天平六（七三四）年
正月　西金堂落成、阿修羅像等の安置
四月　大地震発生、死者多数、山川の破壊
七月　聖武天皇が異常な天変地異を嘆く
九月　大地震発生

天平七（七三五）年
十月　京の死罪の者に恩赦を実施
八月　疫病（豌豆瘡）大流行、死者多数
九月　新田部親王薨去
十一月　舎人親王薨去、賀茂比売没
穀物の実り非常に悪いとの記事
天平八（七三六）年
七月　元正太上天皇不予、百人を得度
十一月　畿内各国で不作、田租免除の詔
天平九（七三七）年
四月　再度疫病大流行、旱魃、藤原房前没
六月　病人多数により朝廷の執務不能
七月　藤原麻呂没、藤原武智麻呂没
八月　橘佐為没、藤原宇合没
十月　地震、長屋王の遺児たちに叙位
十二月　皇太夫人藤原宮子突然の回復

この時代における自然災害は「災異」と呼ばれ、王の道理に背く治世に対する天の譴責と捉えられていました。したがって、聖武天皇は、しばしば大赦を行って天の怒りを鎮めようと試み、自らの不徳を嘆く詔を発しています。

さらに天平七（七三五）年と九（七三七）年の二度にわたって大流行した疫病「豌豆瘡」は、舎人親王や新田部親王および藤原四兄弟の命を奪い、全国に夥しい数の犠牲者を生み出しました。いわゆる「瘡」の流行を、治政者に対する「仏罰」とみなす中国思想の影響を受けていた聖武天皇が、この疫病の流行に大きな恐怖を感じていたことは間違いありません。

また『続日本紀』の一連の記録のなかでもっとも興味深いのが、天平九（七三七）年十月の長屋王の遺児たちに対する叙位記事です。

記事の詳細は「十月二十日に聖武天皇自らが南苑に出向き、従五位下の安宿王に従四位下を、無位の黄文王、従五位下の円方女王、紀女王、忍海部女王にも従四位下の位を授けた」というものですが、直前に「長屋王の変」を仕組んだ藤原四兄弟が疫病により全滅していることから、この叙位には、長屋王一家の魂を鎮めるとともに、「天の祟り」や「仏罰」をなんとか避けようとする聖武天皇の必死の思いが込められていることがよくわかります。

「長屋王の変」を招いた本当の「動機」

これまで、奈良興福寺に伝わる八部衆像のうち阿修羅をはじめとする六体の像は、陰謀により無実の罪をきせられ、自ら命を絶った長屋王家の人々の供養のために造られた、鎮魂と懺悔の像であるという私の考えを述べさせていただきましたが、この推論の概要を整理しておきたいと思います。

持統天皇の悲願である「草壁皇統」の死守を託された元明天皇は、息子である文武天皇の崩御後、藤原不比等の創作である「不改常典」を掲げて自ら即位し、娘の元正天皇を経て孫の聖武天皇への皇位継承を目指した。

ところが、母親の出自に秘密を抱え、心身の不安定さが目立つ聖武天皇（首皇子）一人に「草壁皇統」の継承を託すことに不安を感じた元明天皇は、高市皇子と御名部皇女の長男長屋王と自身の娘である吉備内親王の間に生まれた王子たちを「皇孫」に格上げし、聖武の血統を補完する有力な「草壁皇統」継承の仕組みを作り上げた。

即位後もなかなか皇子が生まれない聖武天皇は、しだいに自分以外の血筋に皇位が移る不安に苛まれていった。そして、ようやく誕生した皇子が満一歳を待たずに亡くなると、聖武の恐怖心はピークに達し、同様に権力からの転落を恐れる藤原四兄弟と結託して「長屋王の変」を引き起こすに至った。

この冤罪事件を利用して安宿媛の立后を宣言するという姑息な企てを見透かされ、先手を打って長屋王一家に自殺されてしまった聖武天皇と藤原四兄弟は、矛盾した対応に終始しながらも、なりふり構わず光明子（安宿媛）を皇后に立てて権力の絶対化を目指した。しかし、大恩人元明天皇の娘吉備内親王を見殺しにしてしまった光明子の母橘三千代は、義理の息子たちの暴挙を許さなかった。深く傷ついた三千代は、元明天皇に対する謝罪と長屋王一家の鎮魂、そして仏に対する懺悔に残りの人生を捧げることとした。

「長屋王の変」から四年後、死を目前にした橘三千代は、病を見舞った娘の光明子に長屋王一家に対する供養と懺悔を託した。自分が聖武天皇と藤原の兄たちを支えているという強い自負心を持つ光明子は、激しい屈辱感に襲われながらも、尊敬する母の遺言を忠実に実行した。彼女は、興福寺西金堂に懺悔の世界を創り出し、その仏像群のなかに亡くなった長屋王家の人々を写した六体の像を紛れ込ませたのである。また光明子は阿修羅像の左右両面の顔に、西金堂の追善供養の主体である母親橘三千代の厳しく清廉な表情と、塗炭の苦しみの果てに母への忠義と仏への信仰心を貫いた光明子自身の苦闘の表情を刻み込ませたのだった。

しかしながら、光明子の懸命の努力も空しく、橘三千代の死後、天変地異はさらなる激しさをもって聖武の治世を襲った。そして、藤原四兄弟ら「長屋王の変」を画策した人々が疫病により根こそぎ死滅すると、聖武天皇の恐怖心には制御がきかなくなり、藤原広嗣の乱をきっかけに、五年におよぶ彷徨と無謀な遷都計画、さらには人民の疲弊や経済の混乱を顧みない巨大仏像の建造へと彼を暴走させるのであった。

平城京の滅亡後も、度重なる戦乱と火災、さらには狂気的な「廃仏毀釈」の嵐に見舞われながら、悲劇の宰相長屋王とその家族を写した興福寺八部衆像は、奇跡的に千三百年近い時空を生き延び、二十一世紀の現代に、その人間的で不思議な魅力に満ちた姿を伝えている。

阿修羅をはじめとする興福寺八部衆像の謎の解明に取り組み、なんとか一応の成果を上げることができたのではないか、と自己満足に浸りたいところだったのですが、残念ながら、私には、なお腑に落ちないというか、しっかりと結びきれていないというか、何とも煮え切らない思いが残されてしまいました。

その理由は、古代史上最大の冤罪事件である「長屋王の変」を引き起こした聖武天皇や藤原四兄弟たちの「動機」にありました。あれほどの常軌を逸する行動に彼らを駆り立てた「動機」に、いま一つ物足りなさを感じてならなかったのです。

長屋王が大きな影響力を持つ人物であったからとはいえ、たった一人の人間の罪を問うために都の全軍を動員して邸を取り囲み、その夜のうちに重要な三つの関所を封鎖するという、まるで内乱でも起こったかのような聖武天皇や藤原四兄弟の大げさでなりふり構わぬ行動の背景には、彼らを追い詰めるにふさわしい重大な「動機」があったに違いありません。

たしかに聖武天皇自身の血筋に関するコンプレックスや、元明天皇の勅がもたらした聖武の血統断絶および藤原氏失脚の恐怖感などは、長屋王家排除の理由とはなり得ると思います。また私は賛同していませんが、安積親王の誕生や安宿媛立后の企み、もしくは長屋王の行政への不満などを「長屋王の変」の原因とする説も示されています。しかし、いずれもあれほどの暴挙を生み出した直接的な「動機」とするには、いま一つ決め手を欠いているように思えてならないのです。

たとえば、ようやく生まれた皇太子が一年を経ずして亡くなったとしても、二十九歳という若さの光明子がふたたび男子を出産する可能性は充分にあったはずです。このことについて、私は「もしも光明子が二度と出産できない身体になっていたなら」と考えてみましたが、これは、結果的にその後子供ができなかった光明子の状況から、さかのぼって無理に「長屋王の変」の「動機」をひねり出してみたに過ぎず、むろん確信を持てる推理ではありません。

また極めて特殊な生育環境で育った聖武天皇の精神の不安定さ、父親より格段に力量の劣る藤原四兄弟の焦り、あるいは高貴な育ちゆえに自分の置かれた状況を見誤った長屋王の性格など、登場人物の人間性についても検討してみましたが、いずれにしても直接的な「動機」とはなり得ません。

したがって、これらのいくつかの要因が複合的に絡み合って「長屋王の変」を引き起こす「動機」となってしまった、と結論付けることになるのですが、果たしてそれでいいのでしょうか。

実は、聖武天皇や藤原四兄弟および皇后光明子までもが「いかなる手段を用いても長屋王と吉備内親王の王子たちを排除しておかねばならない」という強い危機感を抱くにふさわしい「動機」について、私には一つの推理があります。しかし、残念なことに、この推理には裏付けとなる証拠がまったく見当たらないのです。

私の推理は、文字通り根拠なき憶測であり、たんなる「思いつき」として自ら一笑に付すべき考えに過ぎないのかもしれません。しかし、もしこの推理が成立するならば、皇太子の死からさほど時間を置かずして、あのような無類の暴挙が引き起こされた理由を明確に説明することができるのです。

私が着目しているのは元明天皇です。彼女は持統天皇から「草壁皇統」の死守を託され、早逝した息子の文武天皇に代わって自ら天皇に即位し、あらゆる手段を講じて「草壁皇統」を守り抜いた人物です。

また元明天皇は、女帝の身でありながら、平城遷都、和同開珎の鋳造および『日本書紀』の編纂など、天才政治家藤原不比等の力を得て、偉大な事業を次々と達成した天皇でもあります。

夫と長男を失った不安と混乱に耐えながら、古代国家の基盤形成を成し遂げた元明天皇が、強い意志と冷静な判断力の持ち主であったことは疑いようがありません。

事実、元明太上天皇が崩御すると、その日のうちに東海道の鈴鹿、東山道の不破、北陸道の愛発の三関が閉鎖され、政治不安の地方への波及および反乱勢力の都への乱入を防ぐ措置が取られています。後の「長屋王の変」においても実施される「固関《こげん》」の初めての例です。それほどまでに元明天皇は大きな影響力を持つ存在であったということでしょう。

この元明天皇が「草壁皇統」の死守のために打った手が「吉備内親王の子女をすべて皇孫扱いとする」という勅です。すでに述べたように、この勅は、聖武天皇と光明子との間に皇子が誕生しなかった場合には、長屋王と吉備内親王の王子に皇位を継がせて「草壁皇統」を存続させるというものです。しかし、これは皇位継承権者が不在となった場合の補完的措置に過ぎず、聖武天皇との間に生まれた皇子が亡くなっても、光明子にはまだ充分に出産の可能性があったはずであり、この勅が、聖武天皇や藤原四兄弟たちに「長屋王の変」に直結する極めて強い切迫感を与えたとは考えにくいのです。

私が、元明天皇について考察していくなかで感じたのは、強い信念と決断力の持ち主である元明天皇が、悲願である「草壁皇統」の維持について、あの程度の補完的措置で満足していたのだろうか、という疑問でした。信念の女帝元明は、吉備内親王の王子を皇孫に格上げした以上の、ずっと強力で確実な「草壁皇統」存続のための一手を打っていたのではないか、そして、この一手こそが「長屋王の変」を招いた本当の「動機」となったのではないか、と思えてきたのです。

私の考える元明天皇の強烈な一手とは「聖武天皇と光明子の長女阿倍内親王を長屋王と吉備内親王の長男膳夫王に嫁がせる」という手段です。

少々くどい説明になりますが、天武天皇の長男「高市皇子」と天智天皇の娘で元明天皇の同母姉「御名部皇女」の長男である「長屋王」と、天武天皇と持統天皇の長男「草壁皇子」と「元明天皇」の娘である「吉備内親王」との間に誕生した「膳夫王」、そして草壁皇子と元明天皇の長男「文武天皇」の皇子である「聖武天皇」と、「藤原不比等」と「橘三千代」の娘「藤原安宿媛（光明子）」との間に生まれた「阿倍内親王」、この二人の婚姻が成立し、もし膳夫王と阿倍内親王との間に男子が誕生すれば、これ以上強力な「草壁皇統」の後継者は考えられません。

この婚姻が実現すれば、聖武天皇と光明子に皇子ができなかった場合だけではなく、仮に聖武天皇に万が一のことがあったとしても、ただちに膳夫王もしくは彼と阿倍内親王との間の皇子へと皇位の継承が可能となります。つまり、盤石の「草壁皇統」の継承体制が構築できることになるのです。

これに対して、すでに膳夫王は従四位下という官位を得ていたので皇位継承者とはなり得ないという考えもあると思います。しかし、膳夫王は、二十代半ば過ぎという年齢にもかかわらず結婚していませんでした。当時の慣例ではあり得ないことです。なぜ、膳夫王は独身を通していたのでしょうか。膳夫王は、阿倍内親王の成長を待たされていたのではないのでしょうか。

長屋王と吉備内親王の婚姻の時期から推測すると「長屋王の変」の時点で膳夫王は二十五、六歳、阿倍内親王は十二歳でした。この程度の年齢差であれば婚姻には問題ないでしょう。ちなみに、大海人皇子（天武天皇）と鸕野皇女（持統天皇）が結婚したのは、大海人皇子が二十七歳、鸕野皇女が十三歳のときでした。

一年後には阿倍内親王が嫁ぐにふさわしい年齢に達してしまうとすれば、聖武天皇と光明子および藤原四兄弟にとっては、まさに目前に迫りくる危機にほかなりません。

さらに卑見を述べさせていただくと、阿倍内親王との婚姻が約束されていた王子は、長男の膳夫王ではなく、あの美男子「五部浄」にその姿を残す二男の葛木王ではなかったかとも考えられるのです。

すでに官人としての身分を得てしまっている膳夫王よりも、ずっと年下で無位の葛木王こそ、阿倍内親王の相手にふさわしいと考えることもできます。そして、もしもこの婚姻が実現すれば、聖武天皇以後の政治の実権は、葛木王の兄である膳夫王のものとなることは必定です。むしろこちらのほうが、藤原氏にとっては致命的な打撃となるのかもしれません。

ずいぶんと飛躍した考えだとは思うのですが、首皇子（聖武天皇）の天皇としての資質や彼の血筋に大きな不安を抱え、まずは娘の元正天皇に譲位して「草壁皇統」の確実な継承を期した元明天皇ならば、このような大胆な手段を考えついても不思議ではないと思われるのです。そして、元明天皇の打った盤石の「草壁皇統」継承策は、聖武直系の血統の断絶と藤原氏の権力からの凋落をもたらす恐るべき手段として、聖武天皇および藤原四兄弟を震撼させたに違いありません。

このような私の推理が成立するならば、聖武天皇が、生まれたばかりの赤子をなりふり構わず皇太子に立てたことについても、また周囲の混乱をよそに長屋王があまりも悠然と過ごしていたことについても、そして何より史上稀に見る冤罪事件「長屋王の変」が唐突に引き起こされた「動機」について、すっきりと説明がつくと思うのですが、いかがでしょうか。

ちなみに、十二歳のときに「長屋王の変」に遭遇した阿倍内親王ですが、その後光明子に男子が生まれなかったため、天平十（七三八）年に二十一歳で立太子し、天平勝宝元（七四九）年には聖武天皇の譲位を受けて三十二歳で即位し、孝謙天皇となります。

即位後も、母親の言いなりに藤原仲麻呂の独裁を許した孝謙天皇でしたが、光明子の死後は一転して仲麻呂（恵美押勝）を滅ぼし、寵愛する僧道鏡を法王に押し立てて有名な「道鏡事件」を引き起こします。

このような孝謙（重祚後は称徳）天皇ですが、彼女は東大寺に対抗するかのように西大寺を建立し、陵墓についても父母の眠る佐保山《さほやま》ではなく、あえて西側の高野《たかの》の地に築いています。

光明子崩御後の彼女の行動には、両親に対する敬慕の念よりも、むしろ強い反抗心が感じられます。

私は、孝謙（称徳）天皇の心の奥底には、両親や叔父たちの権力欲によって、約束されていた吉備内親王の王子との結婚の機会を奪われ、女性としての幸福を閉ざされたことに対する反抗心が宿っていたのかもしれないと考えています。

旅する阿修羅、生き抜く阿修羅

阿修羅たち八部衆像を今日に伝える奈良の興福寺は、天智八（六六九）年に藤原鎌足の夫人鏡女王が、夫の病気平癒を願って京都の山科に建立した山階寺《やましなでら》に端を発しています。山階寺は、その後飛鳥に移って厩坂寺《うまやさかでら》と名を変え、和銅三（七一〇）年の平城遷都にともない、鎌足の息子である藤原不比等によって現在の場所である平城京の東端（外京）の丘陵地に建てられ興福寺となりました。

史上最大の貴族藤原氏の氏寺である興福寺ほど数々の災難や戦乱に見舞われた寺院はほかにありません。記録に残るだけでも十二回もの火災に遭い、とくに治承四（一一八〇）年の平重衡による「南都焼き打ち」の際にはほとんどの建物を失っています。

西金堂もまた治承四年の焼き打ちを含めて四回も焼失し、享保二（一七一七）年一月の火災によって失われた後は再建されることなく、現在は基壇のみを残す姿となっています。

このような過酷な状況にあっても、阿修羅たち「興福寺八部衆像」は、同じ時期に造られた「十大弟子像」とともに無傷で生き残ります。このことについて、これらの像が脱活乾漆という軽い作りであったことが幸いし、興福寺の僧たちの手によって春日大社や御蓋山の奥深くに避難させることができたのだ、という説が唱えられていますが、迫りくる火の粉を振り払いながら、必死で八部衆たちの像を抱えて山の奥深くに向かって走る若い僧侶たちの姿が目に浮かぶようです。現代に伝えられた阿修羅たちの美しい姿を見るたびに、これらの像を守った人々の命がけの努力に頭の下がる思いがします。

しかし、度重なる災難を乗り越えてきた八部衆と十大弟子でしたが、幕末から明治維新後の日本を席捲した「廃仏毀釈」の狂気には抗えず、十大弟子のうちの四体が失われてしまいました。神仏分離令に象徴される「廃仏毀釈」運動は、縄文文化にも通ずる寛容性に満ちたわが国の信仰形態の破壊を目論んだ行為であり、この愚挙によって数え切れないほどの寺院や仏像が打ち壊され失われた事実は、永遠に消すことはできません。

興福寺もまた「廃仏毀釈」によって徹底的に破壊されてしまいます。一時は僧侶が一人もいなくなり、寺領の大半と数多くの仏像や文化財を失い、今日の奈良を象徴する建物である五重塔ですら売りに出されたほどです。これによって興福寺は「秋風や　囲いもなしに　興福寺」と正岡子規が俳句に詠んだ、どこからでも境内に入り込むことのできる姿になってしまったのです。

このような数々の災難を乗り越えて、阿修羅たち興福寺八部衆は、一体は半身のみの姿となりながらも、千三百年近い年月を生き抜いてきたのです。

なぜ、阿修羅たちは幾多の困難を乗り越え、千三百年近い時空を生き延びることができたのでしょうか。火災のたびに速やかに避難させるなど、数多くの人々によって大切に守られてきたことは間違いないのですが、それだけであれほどの度重なる災難を回避できるものなのでしょうか。軽量であるとはいえ、脱活乾漆像はひじょうに脆く、とても燃えやすい作りをしています。火災のたびに運び出され、山中深く避難してきたこと以外にも、阿修羅たちが生き残った何らかの決定的な理由があるのではないでしょうか。

このことについて、極めて興味深い史料があります。それは、天平十九（七四七）年に編纂された『大安寺伽藍縁起 幷 流記資財帳《だいあんじがらんえんぎならびにるきしざいちょう》』および室町時代の編集とされる『南都巡礼記《なんとじゅんれいき》』に残された八部衆像に関する記事です。

先に『南都巡礼記』のほうから紹介させていただきますが、この記録には「もともと八部衆像は額安寺のものであり、興福寺西金堂に移入された後、争いが絶えないため、長承年間（一一三二〜一一三四）に元の場所（額安寺）に返却したといわれている。しかし、いまこれらの像がここ（興福寺）にあるのは不思議である」と書かれています。これによりますと『南都巡礼記』の著者が、興福寺で八部衆像を見たのは室町時代（一三三六〜一五七三）ということになります。

この『南都巡礼記』の記録をめぐって、八部衆像および十大弟子像は本来額安寺のものであり、興福寺の像は治承四（一一八〇）年の平重衡の「南都焼き打ち」によって消失しているとの説が主張されました。そして、この説の論拠となったのが「阿修羅たちの像には火災に遭った痕跡が見られない」ことでした。

その後、この説を覆す興福寺所蔵説が唱えられ、活発な論争を経て、現在では、像の素材、技法、年代および正倉院文書の記す像の制作者や漆の所蔵に関する記事を根拠として、八部衆像および十大弟子像は興福寺で制作され所蔵されたものであることがほぼ確定しています。

私も、八部衆像や十大弟子像の制作に要する膨大な資金の問題を考慮すると、これらの像を造らせることができた人物は皇后光明子以外に考えられないと思っています。

次に『大安寺伽藍縁起幷流記資財帳』ですが、天平十九（七四七）年に編纂されたこの記録には、大安寺に乾漆造りの「羅漢像十軀」と「八部像一具」があったことが書かれています。

これらの像が、十大弟子像と八部衆像を指していることは容易に想像がつきます。

『南都巡礼記』や『大安寺伽藍縁起幷流記資財帳』の記録を素直に読むと、八部衆像および十大弟子像は三組制作され、それぞれ興福寺、額安寺および大安寺に安置されていたようにも見えます。いったいどういうことなのでしょうか。

私は、この謎を解くカギは道慈という人物にあると思っています。

養老二（七一八）年に留学先の唐から帰国して興福寺に住んだ僧道慈は、皇后光明子の意を受けて興福寺西金堂に『金光明最勝王経』の説く懺悔の場面を出現させました。

道慈は大和国添下郡《そえじもぐん》の出身で、俗姓は額田《ぬかた》氏です。そして額田氏の氏寺が額田寺、後の額安寺です。額田寺の名称を額安寺に変えたのは道慈だとされています。

また、舒明十一（六三九）年建造の百済大寺《くだらおおでら》を淵源とする名刹大安寺は、その後高市大寺《たけちのおおでら》、大官大寺《だいかんだいじ》と名称を変え、平城遷都後には左京六条四坊の地に大伽藍を構えて大安寺と称するようになります。大官大寺という名称が示すように、国家によって建造された最初の寺院である大安寺は、平城京の象徴「南都七大寺」の中枢を占める大寺となるのですが、聖武天皇から律師に任じられ、この大安寺の建造を任されたのが道慈なのです。

天皇および皇后の信頼も厚く、この時代の仏教界に君臨していたはずの道慈でしたが、なぜか天平十（七三八）年頃に律師を退いて大安寺に移り、その後は中央との関係を絶ったまま、天平十六（七四四）年十月、隠棲先の竹渓山寺において没しています。

道慈が大安寺に退いた理由ですが、私は、前年に藤原四兄弟が疫病により全滅したことと関係があると思っています。道慈は、彼の法力をもってしても「仏罰」から藤原四兄弟を守ることができなかったことへの責任をとったのではないでしょうか。長屋王の華やかな宴席を辞退したり、仏教界を批判する『愚志《ぐし》』を著したりと、剛直な性格の持ち主である道慈らしい行動とも考えられます。

それぞれ八部衆像と十大弟子像を所蔵していたという記録や伝承を残す興福寺、額安寺および大安寺の三つの寺院が、道慈と極めて密接な関係を持つ寺であったこと、また莫大な資金を必要とする八部衆像や十大弟子像の造像が可能な人物は光明子以外にはあり得ないこと、この二つの要素から、ある推理を導くことができます。それは、阿修羅たち八部衆像と十大弟子像は「旅をしていた」のではないかということです。

『南都巡礼記』や『大安寺伽藍縁起幷流記資財帳』の記録をもとに、阿修羅たちが、どの時期にどこにいたのかを探ってみましょう。

まず天平六（七三四）年には、阿修羅たち八部衆像と十大弟子像は興福寺西金堂に納められていたことがわかっています。

次に天平十九（七四七）年に編纂された『大安寺伽藍縁起幷流記資財帳』には、このとき八部衆像と十大弟子像が大安寺にあったことが記されています。

そして『南都巡礼記』の記録によれば、八部衆像は額安寺から興福寺西金堂に移された後、長承年間（一一三二～一一三四）に額安寺に戻ったのですが、室町時代（一三三六～一五七三）には興福寺にあったということになります。

これらの記録を追っていくと、八部衆像と十大弟子像は、興福寺→大安寺→額安寺→興福寺→額安寺→興福寺と移動したことになるのです。

つまり、

「制作当初興福寺西金堂に納められていた八部衆像と十大弟子像は、天平十（七三八）年頃の道慈の引退とともに彼によって大安寺に引き取られた」

「天平十九（七四七）年の時点で大安寺に安置されていた八部衆像と十大弟子像は、これ以降、道慈の出身地である額田の額安寺に移された」

「その後興福寺に戻された八部衆像と十大弟子像であったが、長承年間（一一三二〜一一三四）にふたたび額安寺に移された」

「そして、室町時代（一三三六〜一五七三）には、八部衆像と十大弟子像は興福寺に戻っていた」

となるのです。

そして、この記録に興福寺西金堂の焼失記録と再建記録を重ね合わせてみると、実に面白いことがわかってきます。

天平六（七三四）年……………八部衆像と十大弟子像を興福寺に安置
天平十（七三八）年頃…………道慈とともに大安寺に移動
天平十九（七四七）年以降……道慈の出身地額田の額安寺に移動
永承元（一〇四六）年…………火災により興福寺西金堂焼失
承暦二（一〇七八）年…………興福寺西金堂再建（八部衆ら戻ったか）
長承年間（一一三二〜三四）………争いが絶えないため額安寺に移動

治承四（一一八〇）年……………平重衡の「南都焼き打ち」で興福寺全焼
養和二（一一八二）年……………興福寺西金堂上棟（八部衆ら戻ったか）
貞永元（一二三二）年……………興福寺八部衆および十大弟子の修理記事
室町時代（一三三六〜一五七三）…興福寺で八部衆らの実見記事

すなわち、八部衆像と十大弟子像は、永承元（一〇四六）年の火災による西金堂焼失、さらに治承四（一一八〇）年の平重衡による「南都焼き打ち」の際には、興福寺ではなく、人里離れた額田の額安寺にあったということになるのです。

これ以降も興福寺西金堂は、嘉暦二（一三二七）年の火災で焼失し、さらに享保二（一七一七）年にも再度焼失しています。これらの火災時には、八部衆像や十大弟子像は僧侶たちの手によって安全な場所に運び出されたのでしょう。

しかし、何といっても重要なのは、治承四（一一八〇）年の平重衡による凄惨な「南都焼き打ち」の際に、阿修羅たちは興福寺ではなく額安寺にあった可能性が極めて高くなったことです。このことにより「南都焼き打ちによる興福寺八部衆像焼失説」が論拠とした「阿修羅たちの顔に火災の痕跡が見られない」ことの真相が明らかになるのです。「南都焼き打ち」のときに阿修羅たちが興福寺にいなかったならば、彼らの顔に火災の痕跡が見られないのは当然のことなのです。

いずれにしても、時に応じて、自ら難を逃れるかのように旅をしていた阿修羅像たちが、その美しさを保ったまま今日に伝えられていることは、まさに驚きと感動以外の何物でもありません。

おそらく興福寺や額安寺の僧たちにとって、阿修羅たち八部衆像や十大弟子像は、命に代えても守らねばならない存在であったのでしょう。そのように考えると、八部衆像ばかりでなく十大弟子像もまた実在の人物を写していた可能性も否定できないと思います。

道慈が、藤原四兄弟の死後に八部衆像と十大弟子像を連れて大安寺に移ったこと、道慈の死後、彼の出身地の額安寺がこれらの像を引き受けたこと、そして興福寺に戻された後も（事あるごとに）額安寺に移されたことの理由は何でしょうか。

私は、その理由は、無実の長屋王一家を死に追いやった人々とその子孫に「天の祟り」もしくは「仏罰」がおよぶことへの恐怖心や警戒心だと思っています。道慈は、この災厄が聖武天皇や皇后におよんでしまえば、国家は転覆の危機にさらされかねないと案じて八部衆像たちを自らの手で供養することにしたのではないでしょうか。そして、道慈の出身地である額田の額安寺に八部衆像たちが移された後も、焼失した西金堂が再建されるたびに像は興福寺に戻され、また藤原氏側に内紛や凶事などが発生すると、これらの像が災厄の原因とされ、速やかに額安寺に移されたと考えられるのです。

結局、このような権力者たちの恐怖心が、阿修羅たちに旅をさせ、千三百年の時空を無傷で生き残らせることになったのかもしれません。

聖武天皇が「夫れ天下の富をたもつ者は朕なり。天下の勢をたもつ者は朕なり。この富と勢とをもってこの尊き像を造らむ」と声高らかに宣言し、国家の総力を挙げて造立した東大寺の巨大な盧遮那仏が、その後頭部の脱落や二度の戦乱によって何度も壊滅的な損害を被り、現在は、わずかに台座の蓮弁と膝の一部に当初の造形を留めるのみの姿となってしまったことと比べて、長屋王一家を写した八部衆像が、繊細で華奢な造形であるにもかかわらず、天平の生き生きとした姿を今日に伝えていることには、何とも不思議で皮肉な思いを禁じ得ません。

阿修羅の涙

京都市の中心部中京区に「下御霊神社《しもごりょうじんじゃ》」という小さな神社があります。同じく京都市の上京区にある「上御霊神社《かみごりょうじんじゃ》（御霊神社）」と対をなす形で、平安時代を席捲した「御霊（怨霊）信仰」すなわち怨みを呑んで亡くなった人々の霊を鎮めるために造られた神社です。

この「下御霊神社」は八つの祭神を祀っています。

神社に記された祭神の内訳には、

「吉備聖霊」
「崇道天皇」（桓武天皇皇太子早良親王）
「伊予親王」（桓武天皇皇子、贈一品）
「藤原大夫人」（伊予親王御母、贈従二位藤原吉子命）
「藤大夫」（藤原広嗣命）
「橘大夫」（贈従四位下橘逸勢命）
「文大夫」（文屋宮田麻呂命）

「火雷天神」

とあります。

「崇道天皇」は桓武天皇の弟早良親王のことで、帝位を継ぐ立場にありながら、長岡京で起こった藤原種継暗殺事件に連座して流罪となり、潔白を訴え自ら食を絶って自殺した人物です。さらに「伊予親王」と「藤原大夫人（吉子）」は、平城天皇のときに謀反の疑いをかけられ、毒を飲んで亡くなった人物、「藤大夫（藤原広嗣）」は、左遷先の大宰府で挙兵して敗死した人物、「橘大夫（橘逸勢《たちばなのはやなり》）」は仁明天皇の時代に謀反の疑いをかけられて憤死した人物、「文大夫（文屋宮田麻呂）」もまた謀反の罪をきせられて流罪となり、非業の最期を遂げた人物です。いずれも何らかの怨みを抱いて亡くなった人々であり、平安時代の皇族や貴族には、彼らの「怨霊」を鎮めなければならない理由があったのでしょう。

そして、この神社には二柱の正体不明の神が祀られています。そのうちの一つ、最後に記されている「火雷天神」は、左遷先の九州大宰府で非業の死を遂げた後、京の都に様々な災厄をもたらし、ついには雷となって宮殿を襲った「天神様」こと、史上最強の怨霊「菅原道真」であることが明らかです。

問題となるのは、この神社の祭神の筆頭に掲げられている「吉備聖霊《きびのせいれい》」です。「下御霊神社」はこの神の正体を記していませんが、「上御霊神社」は、この祭神を「吉備真備《きびのまきび》」としています。

ところが、宝亀六（七七五）年に八十一歳の高齢で天寿を全うした吉備真備の人生には、「怨霊」となるべき要素がまったく認められないのです。優秀な留学生として唐に渡った真備は、帰国後には阿倍内親王の教育係に抜擢され、橘諸兄を補佐して政治手腕を発揮します。真備の重用を妬む藤原広嗣が左遷先の大宰府で反乱を起こしたことは広く知られるところです。

橘諸兄の側近であった吉備真備は、藤原仲麻呂（恵美押勝）が政治の実権を握ると大宰府に左遷されてしまいます。その後も遣唐副使に追加任命となるなど、都への帰還を許されず、真備が再度入京して造東大寺長官となったのは七十歳の時でした。しかし、帰京後の真備は称徳（孝謙）天皇を補佐し、反乱を起こした藤原仲麻呂を見事な軍略をもって打ち破り、七十二歳で右大臣に上りつめました。

最後は称徳天皇の後継をめぐり、藤原氏の陰謀に敗れて右大臣の職を退くのですが、これとて「長生きをしたおかげで恥をかいた」と、自ら引退を願い出たものです。その後も悠々と隠居生活を送り、当時としては極めて珍しい長寿を全うした吉備真備について、『続日本紀』はその深い知識や高い能力を称える記事を載せています。

このように、どちらかといえば吉備真備は充実した人生を過ごした人物に見えます。また真備の穏健な人柄を評価する見解も数多く示されています。したがって、吉備真備が、強烈な怨みをもって憤死し、後に人に祟る「怨霊」となったとは到底考えられないのです。

では、この「吉備聖霊」とは、いったい誰のことなのでしょうか。しかも、あえて「聖霊」と記しているのはなぜなのでしょうか。

実は、この「吉備聖霊」という異様な祭神の正体について、歴史作家の永井路子氏が、著書『悪霊列伝』のなかで、「吉備聖霊」とは、藤原氏の陰謀により無念の死を遂げた「吉備内親王」その人であることを喝破しておられます。まさに拍手大喝采なのですが、それにしても三十年以上も前にこの祭神の正体を見抜いていた永井氏の眼力には驚嘆を禁じ得ません。

「吉備聖霊」は、なぜ「下御霊神社」の筆頭祭神に祀り上げられているのでしょうか。これは重大なことなのです。「吉備聖霊」を筆頭祭神に掲げているということは、天皇家や藤原氏が最も恐れていた「御霊（怨霊）」が、実は吉備内親王の霊であったということを証明しているからなのです。

歴史上「怨霊」として祀られた人物の大半は、皇位継承や政治闘争に敗れ、怨みを呑んで亡くなった人々です。しかし、吉備内親王の亡くなり方は、そのような人々とは明らかに違っています。吉備内親王は、まったくの無実、一点の曇りもない状態で自ら命を絶っているのです。自らが引き起こした陰謀により無実の吉備内親王を死に追いやってしまった事実は、平安京を席捲した「怨霊信仰」の高まりにともない、天皇家や藤原氏の人々を底知れぬ恐怖に陥れていったことでしょう。しかし、彼らが表立って吉備内親王の御霊を祀ることはできません。そこで彼らは「吉備聖霊」という正体不明の祭神を創り出し、秘かに吉備内親王の霊の安らかなることを祈ったのだと思います。
したがって、『興福寺流記』が八部衆を「神王」と記したように、天皇家および藤原氏は、吉備内親王の霊にも「聖霊」という尊称を贈ってお祀りしたのではないかと推測されるのです。

長い奈良の歴史においても、とくに平城京の時代は、絶え間なく事変や天変地異に見舞われた、極めて不安定な時代でありました。しかし、同時にこの時代は、後世につながる政治、文化および宗教の基盤が形成された画期的な時代でもあったのです。律令制による国家統治、歴史書の編纂および仏教の普及によって、わが国はようやく国家としての体裁を整えることができたのです。

なかでも仏教については、遣唐使を通じて大陸からもたらされる情報をもとに、手探りでその教義を学んでいた時期でした。八世紀前半には鑑真和上もまだ渡来しておらず、最澄や空海が登場するまでにはさらに数十年の時間が必要でした。そのような状況にありながらも、奈良の都の人々は熱心に仏の教えを学んだのでした。

もう一つ、この時代を象徴するのが女性天皇、いわゆる女帝の活躍です。
わが国では、有史以来十代八人の女帝が誕生していますが、そのうちの元明天皇、元正天皇、孝謙（称徳）天皇、少し遡って持統天皇を加えると、実に五代四人の女帝がこの時代に集中して現れています。実在が確実とされる範囲に限定しても、優に千六百年を超えるわが国の天皇の歴史に登場する女帝の半数が、わずか八十年ほどの間に相次いで登場しているのです。

その原因は、持統天皇のわが子草壁の血統保持の執念にありました。持統の意志を引き継いだ元明、元正、そして史上初の女性皇太子となった孝謙（称徳）に至るまで、この時代は、女帝たちによる「草壁皇統」継承の苦闘の時代であったということができると思います。

さらに平城京の時代は、これらの女帝以外にも傑出した女性たちを輩出しました。

聖武天皇を幼少から支え続け、後に実質的な王権を担った皇后藤原光明子は、その典型的な人物といって良いでしょう。また忘れてはならない女性が橘三千代です。不世出の女官として、橘諸兄や光明子の母として、さらに清廉な仏教信者としてこの時代を生き貫いた橘三千代こそ、平城京を象徴する女性なのです。

そして、私がこの時代の陰の主役と考えている女性、吉備内親王です。祖母持統天皇、兄文武天皇、母元明天皇を経て姉元正天皇へと引き継がれた父草壁皇子の血統「草壁皇統」を絶やさんとする聖武天皇と藤原四兄弟たちの暴挙に翻弄されながらも、あえて一身を投げ打って彼らの愚行を諫め、夫と息子たちとともに犠牲となる道を選んだ吉備内親王こそ、平城京のためにすべてを捧げた女性だと思います。

私は、興福寺の阿修羅の、涙を懸命にこらえているかのような三つの顔に、藤原光明子、橘三千代、そして吉備内親王を見ました。

興福寺の阿修羅の三つの顔は、それぞれ涙をこらえながら、いったい何を見つめているというのでしょうか。

右面の藤原光明子は、眉間に三本の縦皺を寄せ、険しく眼を吊り上げています。そして、下唇を強く噛みしめた彼女は、悔しさや口惜しさをこらえることに懸命になっています。光明子は、幼いころから聖武天皇のため、藤原一族の繁栄のために全力を尽くしてきたという強い自負心を持っていました。しかし、彼女の信念は、最愛の母親の長屋王一家に対する鎮魂と懺悔を命ずる遺言によって打ち砕かれてしまったのでした。阿修羅の右面の顔が必死にこらえているのは、死に臨んだ母親に受容されなかった娘の屈辱感に満ちた「悔し涙」なのかもしれません。

左面の橘三千代は、凛とした表情のなかに深い悲しみを湛えています。強い意志を感じさせながらも、どこか伏し目がちで焦点の定まらない眼差しは、何かを恥じ、何かを悔やんでいるように見えます。やはり三千代は、大恩人元明天皇の悲願を裏切り、吉備内親王の死を見過ごしてしまったことに対する後悔の念を終生持ち続けたのでしょう。阿修羅の左面の顔がこらえているのは、はからずも恩人を裏切り、仏道に背いてしまったことへの「懺悔の涙」なのかもしれません。

そして正面の顔、吉備内親王です。私は、かつてこの顔ほど複雑な表情を見たことがありません。たとえようもなく美しいその顔は、見るたびに違って見えるのです。優しく微笑んでいるようでもあり、深い悲しみに沈んでいるようでもあり、何かに戸惑っているようでもあり、また何かを慈しんでいるようでもあります。よく、仏像は見る人の心を映し出すといいますが、興福寺の阿修羅の正面の顔には、その表情じたいに何ともいえない複雑さが漂っているのです。阿修羅の正面の顔は、涙袋いっぱいにためた涙を懸命にこらえながら、いったい何を見つめているのでしょうか。吉備内親王は、何を悲しみ、何に戸惑い、そして何を慈しんでいるのでしょうか。

私は、吉備内親王が、その深い眼差しの先に見ていたものは、実は聖武天皇だったのではないかと思うのです。

曾祖母持統と祖母元明の悲願である「草壁皇統」の唯一の継承者としてこの世に生を受けながら、誕生直後から産みの母との別離を強いられ、わずか七歳で父を失ってしまった首皇子を、彼の叔母であり、幼子を育てる若い母親でもあった吉備内親王は、どれほど不憫に思ったことでしょう。一人宮殿の奥深くに隔離されて暮らす幼い皇子に、彼女はどれほど心を痛めていたことでしょう。しかし、長屋王家を守る立場にある吉備内親王は、たやすく首皇子を訪ねることはできませんでした。

元明天皇が、自分の子供たちを皇孫扱いにするとの勅を出したとき、吉備内親王はどのように思ったのでしょうか。手放しで大喜びしたのでしょうか。私は、必ずしもそうではなかったと思います。吉備内親王は、いっそう首皇子に同情し、自分の王子たちと同様にその将来を案じていたのではないでしょうか。そして、聖武天皇自身が自分の家族を排除しようと企んだことを知った彼女は、深い悲しみの淵に沈みながらもなお、辛い幼少期を過ごした聖武を憎むことができずにいたのではないのでしょうか。

阿修羅の正面の顔が見せる、たとえようのない複雑な表情には、不遇のなかに育った甥の皇子を案ずる慈愛の念が隠されているように思えるのです。きっと吉備内親王は、あのようなお顔で幼少期の首皇子を見つめておられ、それは光明子の心にも強く刻まれていたのではないでしょうか。その意味で、阿修羅の正面の顔がたたえているのは「慈悲の涙」なのかもしれません。

私は、興福寺の阿修羅に三人の女性を見ました。そしてこの感覚を手掛かりにして八部衆像に隠された謎の解明に挑みました。

その結果、私は「興福寺八部衆は悲劇の宰相長屋王とその家族の姿を写したものであり、阿修羅像の三つの顔はそれぞれ吉備内親王、橘三千代そして皇后光明子を写したものである」との結論を得たのです。

私の考えの根拠となったのは、皇位継承や政治権力をめぐる闘争にまみれながらも、一方でこの時代の人々の心に芽生えた純粋な仏教信仰の様相でした。後の時代に「仏都平城京」と称されるように平城京の時代は、橘三千代のような人々によって、仏教の教えに基づく清廉な生き方が実践された時代でもあったのです。そして、この観点に立って、再度この時代の歴史を見直したときに、私の目には興福寺の阿修羅たちの像に託された深い思いが見えてきたのです。

「興福寺八部衆像は長屋王一家に対する鎮魂と懺悔の像である」という私の結論は、詰まるところ願望に基づく憶測に過ぎないのかもしれません。私は、最初から阿修羅像の持つたとえようのない純粋さに惑わされ、そこに橘三千代や吉備内親王の生き方を投影してしまっていたのかもしれません。それほどまでにこの像は見る人を魅了してしまうのだと思います。

でも、興福寺八部衆のうちの六体の像だけが人間の顔を持っているのはなぜでしょうか。素直な気持ちで見つめていると、阿修羅が美しい女性に見えてくるのはなぜでしょうか。興福寺八部衆の真実はどこにあるのでしょうか。

阿修羅の美しさに惑わされてこのような結論にたどり着いてしまったならば、それもよし、です。すべては、阿修羅たち八部衆を今日に守り伝えてくれた人々に心から感謝を捧げ、そして、何より不思議なことに、自らの意志をもって千三百年近い時空を生き残る道を選んだとしか思えない興福寺八部衆を深く崇敬するのみです。

興福寺の阿修羅を撮影した写真は山ほどありますが、私には、どれも実物の阿修羅とは違って見えます。私が最も阿修羅らしい阿修羅であると感じた、入江泰吉氏が撮影された阿修羅像もまた、実物の阿修羅とは微妙に異なって見えてしまうのです。興福寺の阿修羅像は、それほどまでに繊細でとらえがたい深さを秘めているとしか言いようがありません。

ぜひ、阿修羅は、興福寺を訪ねて実物をご覧になることをお勧めします。そして、彼女が瞼いっぱいにためている涙のわけを考えてみてください。きっと、奈良の旅は数倍楽しく深いものとなることでしょう。

あとがき

京都の「着倒れ」、大阪の「食い倒れ」に対して、奈良は「寝倒れ」と言うそうです。京都や大阪の人々のように着物や食べ物を楽しむでもなく、夜が来るとさっさと寝てしまう奈良の人々の無欲で淡泊な生活を揶揄した言葉だそうですが、たしかに奈良の夜は、人も街もみんな鹿と一緒に寝てしまったのではないかと思うほど、ひっそりと過ぎていきます。

しかしながら、私は、奈良独特の夜の静けさにとても魅力を感じています。一面に墨を流したかのように黒く沈んだ闇の中から、時々小鹿が母鹿を呼ぶ甘えた鳴き声が聞こえてくる奈良公園の夜の情景などは、この上ないノスタルジーを喚起させてくれるからです。

父親がいわゆる転勤族であったことから、東京を皮切りに関東各県を転々として暮らし、小学校で四回、中学校でも二回転校を余儀なくされた私には、はっきり「ふるさと」と呼べる場所がありません。このあたりも、私が「日本のふるさと」である奈良に惹かれる理由なのだと思います。

奈良の魅力は、何と言っても「変わらない」ところでしょう。

でも、それは、よく言われるところの、時代の変化に置き去りにされたとか、流行に乗り遅れているといった安易な意味ではなく、奈良には「変わることのない日本の文化が生きている」ということなのです。

たとえば、春日大社の参道は、石燈籠の立ち並ぶ鎮守の森とそこに佇む鹿たち、そして参拝に訪れた人々だけが織りなす光景を千数百年もの間保ち続けています。この間、とくに変わったことと言えば、参道を歩く人々の衣装が着物から洋服になったことぐらいでしょうか。木々も鹿も行き交う人も、みな何代も生まれ変わって、春日の杜の「変わらない」情景を守り続けているのです。

また春日大社の本殿は、立地する御蓋山西麓の山肌を傷つけることのないよう、建物の形状に段差をもうけて造られています。そして本殿のさらに奥には神の領域である御蓋山を拝む「遥拝所」が置かれ、日本古来の「神奈備山崇拝」の信仰が大切に継承されています。このあたりも「変わらない奈良」あるいは「変えない奈良」の本質を見ることができると思います。

さらに、奈良の文化は地元の人々の手によって維持されていることも見逃せません。竹箒のあとがいかにも清々しい神主不在の小さな神社の境内や、いつも可憐な花が飾られている路地裏の古びた地蔵堂などを見るたびに、奈良というところが、たくさんの人々の手によって守られてきた場所であることをしみじみと感じさせられます。

私は、日本古代史上に現れた三人の偉大な人物が、この国のかたちを創ったと考えています。

そして、この三人の事績を探究することで、日本という国の本質が理解できるのではないかと思っています。

三人のうち最初の人物は、『魏志倭人伝』が伝える倭国の女王「卑弥呼」です。卑弥呼は、倭の国々によって共立された初代の大王です。配下の各国に官吏を置き、大陸に遣いを送るなどして国の原型を築いた卑弥呼が、たんなる「巫女」ではなく、荒ぶる首長たちをまとめ上げるに足る格別な能力を備えた女性であったことは疑いようがありません。

卑弥呼が都とした「邪馬台国」の場所については、畿内か九州か、はたまた絶海の孤島か、などと一時は百家争鳴の観がありましたが、二〇〇九年、奈良の纏向遺跡で「東西の軸線上に整然と立ち並ぶ三世紀前半の大型建物群」が発掘されたことにより、近年では、畿内大和説が極めて有力となってきた印象があります。

私も、古代史の勉強を始めた当初の五年ぐらいは、邪馬台国は九州にあると考えていました。大陸との交易を通じた北九州の先進性は誰の目にも明らかであったからです。

ところが、近年の様々な発掘成果や年代測定能力の進歩によって、邪馬台国が大和纏向の地にあった蓋然性が一段と高まりを見せてきたのです。そして、このことにより、纏向遺跡の盟主が眠るわが国最初の巨大前方後円墳「箸墓」が、卑弥呼の墓である可能性も浮上してきました。私も今では、邪馬台国は奈良の纏向遺跡であると確信しています。そろそろ邪馬台国の読み方も「やまたいこく」でなく、「やまとこく」とすべき時期が来たのかもしれません。

二人目の人物は、日本の仏教文化および伝統的な「和」の心の象徴とされる聖人「聖徳太子」です。しかし、聖徳太子は、日本史上最も有名な人物でありながら、その実像は謎に包まれていて、よくわかっていないのです。救世主キリストのような誕生の物語を持ち、若くして斑鳩の地に宮を構えながら、二十数キロメートルも離れた飛鳥の都に通って摂政の職務を果たすなど（黒駒を駆って「太子道」を疾走していったという人もいますが、この時代の馬は現代のポニー程度のレベルで、おそらく人間が走った方が速い）、とにかく太子の人生は人知を超えたエピソードで彩られています。

このような聖徳太子について、明確に実在を証明できる史料が見当たらないことから、「聖徳太子は架空の人物だ」と言い切る学者もいるほどです。そのぐらい聖徳太子は難しい。しかし、死の直後からこれほど長い期間、膨大な数の人々の尊崇を集めてきた聖徳太子という人物が、たんなる政治的な目的によって創り出された架空の人物に過ぎないと決めつけるのは、短絡に過ぎると思います。私たちは、千何百年もの間、捏造された空想上の人物を妄信し、崇拝し続けるほど愚かではありません。やはり聖徳太子の事績には、謙虚に粘り強く向き合っていく必要があると思います。

国家の礎を築いた卑弥呼に対して、聖徳太子は、国家の精神的な支柱を立てた人物と言えるでしょう。

最後の一人は、本書にも登場する天才政治家「藤原不比等」です。都の造営、法律の制定、国史の編纂、貨幣の鋳造、そして天皇家の守護と、短期間にこれだけの大仕事をやってのけた人物は、歴史上彼を措いてほかにありません。まさに藤原不比等は日本史上最大の政治家と言って良いでしょう。

このように、わが国の国家基盤、精神文化、そして政治体制を創り出した三人の人物が、いずれも奈良の地に在ったということは、やはり、奈良が、日本という国の始まりの場所であり、原点であることを物語っています。したがって、やはり奈良は、変わることのない日本人の安らぎの場所、すなわち「日本のふるさと」であり続けるべきだと思うのです。

このたび私は、興福寺の阿修羅像に抱いた疑問の解明を通して、奈良の都に生きた人々の姿を探る試みに挑戦してみたわけですが、その過程で、天平という時代は、混乱のなかにありながらも、日本が国家としての体制を整えていく、極めて重要な時期であったことを知りました。私が今回テーマとした「長屋王の変」も、このような大きな時代のうねりのなかで起こった一つの出来事であったのだと思います。

昨年、阿修羅たち興福寺八部衆は、国宝館の耐震工事に伴い、他の仏像や仏具とともに「仮講堂」に安置されていました。何度か見学させていただきましたが、やはり、「仏像はお堂にあってこその仏像なのだ」ということを実感させられました。国宝館では、阿修羅と離れた片隅に一人ガラスケースに入れられて展示されている、両手足を失った「五部浄」の像は、お堂のなかでは阿修羅の隣に置かれて、私には、なにかとても嬉しそうな表情をしているように見えました。いつの日か興福寺の「西金堂」が再建され、阿修羅たちが元の場所に戻ることができ、永遠の安らぎの場を得ることを願ってやみません。

最後に、本書の出版にあたって、まったく知識を持たない私を支えていただき、折に触れて適切な助言を与えてくださった東京図書出版の皆さん、さらに参考文献の著者の皆様方に心より篤く御礼申し上げます。

二〇一八年一月

日下草平

主な参考文献

坂本太郎ほか校注『日本書紀（日本古典文学大系）』岩波書店　一九六七年
青木和夫ほか校注『続日本紀（新日本古典文学大系）』岩波書店　一九九〇年
『古事記』河出書房新社　二〇一三年
奈良文化財研究所編『奈良の寺』岩波書店　二〇〇三年
奈良県平城遷都一三〇〇年記念二〇一〇年委員会編『平城京　その歴史と文化』小学館　二〇〇一年
田辺征夫ほか編『平城京の時代』吉川弘文館　二〇一〇年
梅原猛ほか『名文で巡る阿修羅　天平の国宝仏』青草書房　二〇〇九年
荒木敏夫『古代天皇家の婚姻戦略』吉川弘文館　二〇一三年
伊集院葉子『古代の女性官僚』吉川弘文館　二〇一四年
井上薫『行基』吉川弘文館　一九八七年
宇治谷孟『日本書紀　全現代語訳』講談社　一九八八年
宇治谷孟『続日本紀　全現代語訳』講談社　一九九五年

梅原猛『海人と天皇』朝日新聞出版　一九九一年
海野聡『古建築を復元する』吉川弘文館　二〇一七年
榎村寛之『古代の都と神々』吉川弘文館　二〇〇八年
大和岩雄『日本書紀成立考』大和書房　二〇一〇年
大橋一章ほか『興福寺』里文出版　二〇一一年
大塚初重ほか『悲劇の宰相・長屋王邸を掘る』山川出版社　一九九二年
勝浦令子『孝謙・称徳天皇』ミネルヴァ書房　二〇一四年
鐘江宏之『律令国家と万葉びと』小学館　二〇〇八年
金子裕之『平城京の精神生活』角川書店　一九九七年
金子啓明『仏像のかたちと心』岩波書店　二〇一二年
木本好信編『藤原仲麻呂政権とその時代』岩田書院　二〇一三年
木本好信『藤原四子』ミネルヴァ書房　二〇一三年
興福寺監修『阿修羅を究める』小学館　二〇〇一年
小林敏男『日本国号の歴史』吉川弘文館　二〇一〇年
岸俊男『日本の古代宮都』岩波書店　一九九三年
岸俊男編『日本の古代15　古代国家と日本』中央公論社　一九八八年
倉本一宏『持統女帝と皇位継承』吉川弘文館　二〇〇九年

坂上康俊『平城京の時代』岩波書店　二〇一一年
笹山晴生『奈良の都　その光と影』吉川弘文館　二〇一〇年
佐藤信編『奈良の都』清文堂出版　二〇一六年
司馬遼太郎『街道をゆく24　近江散歩、奈良散歩』朝日新聞出版　二〇〇五年
須田勉『国分寺の誕生』吉川弘文館　二〇一六年
関橋眞理編著『天平の阿修羅再び』日刊工業新聞社　二〇一一年
十川陽一『天皇側近たちの奈良時代』吉川弘文館　二〇一七年
高島正人『藤原不比等』吉川弘文館　一九九七年
田中琢編『古都発掘』岩波書店　一九九六年
田辺征夫『平城京　街とくらし』東京堂出版　一九九七年
寺崎保広『長屋王』吉川弘文館　一九九九年
寺崎保広『若い人に語る奈良時代の歴史』吉川弘文館　二〇一三年
遠山美都男『古代の皇位継承』吉川弘文館　二〇〇七年
遠山美都男『天平の三姉妹』中央公論新社　二〇一〇年
遠山美都男『彷徨の王権　聖武天皇』角川学芸出版　一九九九年
直木孝次郎『奈良の都』吉川弘文館　二〇〇九年
直木孝次郎『万葉集と古代史』吉川弘文館　二〇〇〇年

永井路子『悪霊列伝』新潮社　一九八四年
永井路子『女帝の歴史を裏返す』中央公論新社　二〇〇五年
中野渡俊治『古代太上天皇の研究』思文閣出版　二〇一七年
西宮秀紀『奈良の都と天平文化』吉川弘文館　二〇一三年
根本誠二『奈良時代の僧侶と社会』雄山閣出版　一九九九年
林陸朗『光明皇后』吉川弘文館　一九八六年
林陸朗『奈良朝人物列伝』思文閣出版　二〇一〇年
堀本正巳『怨霊の古代史　藤原氏の陰謀』北冬舎　一九九九年
本間満『日本古代皇太子制度の研究』雄山閣　二〇一四年
松本郁代『天皇の即位儀礼と神仏』吉川弘文館　二〇一七年
町田甲一・入江泰吉編『新・日本仏像１００選』秋田書店　一九九九年
三浦佑之『説話の森を歩く　日本霊異記の世界』角川学芸出版　二〇一〇年
水谷千秋『女帝と譲位の古代史』文藝春秋　二〇〇三年
宮田俊彦『吉備真備』吉川弘文館　一九八八年
森公章『奈良貴族の時代史』講談社　二〇〇九年
山田雄司『跋扈する怨霊』吉川弘文館　二〇〇七年
義江明子『県犬養橘三千代』吉川弘文館　二〇〇九年

義江明子『日本古代女帝論』塙書房　二〇一七年
吉川真司『聖武天皇と仏都平城京』講談社　二〇一一年
吉村貞司『古仏の微笑と悲しみ』新潮社　一九七一年
吉村武彦ほか『平城京誕生』角川学芸出版　二〇一〇年
渡辺晃宏『平城京と木簡の世紀』講談社　二〇〇一年
渡辺晃宏『平城京一三〇〇年「全検証」』柏書房　二〇一〇年
渡部育子『元明天皇・元正天皇』ミネルヴァ書房　二〇一〇年
和辻哲郎『古寺巡礼』岩波書店　一九七九年

日下　草平（くさか　そうへい）

東京都出身。大学事務局長、学会理事等の職務を経て奈良に移住し、30年来の趣味である日本古代史の研究に専念。繰り返し寺院や遺跡を訪ねては、丹念な観察と既成概念にとらわれない自由な発想によって古代の謎の解明に挑む日々を楽しんでいる。

阿修羅の涙

— 興福寺八部衆の謎を解く —

2018年３月10日　初版第１刷発行

著　者　日下草平
発行者　中田典昭
発行所　東京図書出版
発売元　株式会社 リフレ出版
〒113-0021　東京都文京区本駒込 3-10-4
電話 (03)3823-9171　FAX 0120-41-8080
印　刷　株式会社 ブレイン

ISBN978-4-86641-122-4 C0021
Printed in Japan 2018

ご意見、ご感想をお寄せ下さい。

［宛先］〒113-0021　東京都文京区本駒込 3-10-4
東京図書出版